Jeannette L. Clariond

CEGUERA, ALLÍ ESTARÁS

PIEDRA DE LA LOCURA

Colección

Homenaje a Alejandra Pizarnik

Homage to Alejandra Pizarnik

Collection

STONE OF MADNESS

Jeannette L. Clariond

CEGUERA, ALLÍ ESTARÁS

Nueva York Poetry Press®

Nueva York Poetry Press LLC
128 Madison Avenue, Office 2NR
New York, NY 10016, USA
Telephone: +1(929)354-7778
nuevayork.poetrypress@gmail.com
www.nuevayorkpoetrypress.com

Ceguera, allí estarás
(Antología personal)

ISBN: 978-1-958001-22-6

Hardcover edition

© Stone of Madness Collection *vol. 21*
Personal Anthologies
(Homage to Alejandra Pizarnik)

© Blurbs:
Adonis
Gonzalo Rojas
Ilda Elizabeth Moreno Rojas
Forrest Gander

© Publisher/Editor-in-Chief:
Marisa Russo

© Layout Designer:
Verónica Leal

© Author's Photograph:
Personal archive

© Cover Designer:
William Velásquez

© Cover and interior artist:
Eric Pérez

L. Clariond, Jeannette
Ceguera, allí estarás (Antología personal) / Jeannette L. Clariond
1ª ed. New York: Nueva York Poetry Press, 2024. 478 pp. 6" x 9".

1. Mexican Poetry 2. North American Poetry

De Mujer dando la espalda

Génesis

Como un espejo que sangra,
como una herida que escurre,
resbalo.
Desfallezco y resbalo por la boca del volcán,
resbalo entre tus piernas,
tiemblo ante la vacilación. Tiemblo,
          procuro sostenerme.

Echar a andar la luz

Es abrirse de brazos a lo oscuro,
entrar al corazón de la semilla,
a lo profundo en la sal.
Buscar el calor del huerto,
sus nervaduras de olvido,
volver la mirada al fruto
quebradizo en raíz.
Frágil materia los sueños
que de noche roban la memoria
y todo se vuelve idéntico a lo que no es.

Otredad

Me fui extraviando a lo largo del corazón,
me fui escuchando el crepitar del mar,
anchas vetas del mar
y su estatura.
Lentitudes,
altas venas del mar que se desprenden de la orilla.
Otredad,
otra edad,
sol hundido en la ceguera de la muerte.

Caída

Un negro fuego me lleva hacia mi hora.
Ya el gusano horada el caracol
y la hormiga roja se desintegra en hormiga negra.
La sabiduría —ojos cansados—
deja una mancha de óxido en la tierra.
Cuán pronto se agrieta el saber.
Un silencio vertical se avecina
y me envuelve de una iridiscente melancolía.
Ay, silencio mío, contigo desciendo al Mictlán.

Fotografía

En tardes de hielo la tierra muestra
su más funesta estación.
¿Acaso nos perderemos en su dureza?
Pones tu lente en esta o aquella esquina
donde el mar devora la ola,
y sin querer vuelves tu rostro a lo que creías enterrado
bajo inhabitables montañas de bruma.
Mas bajo tus pies aún tirita la claridad que te conduce
hacia la blanca paz del pozo: tiempo
que ha dejado de serlo al abolir su negativo.

Mudanza

a C.J.

A la orquídea
le han cambiado su sitio
y no logra
encontrar la dicha
a contraluz.
También de sequedad arden corolas.
Algo muere en cada fruto
cuando le quitan su lugar:
deja un anillo de nostalgia
en la loseta.
Y aunque el chorro de agua
anime la tarde,
no puede borrar las horas
del espacio que ocupaba.
¿Y qué hacer con el ciego gusano
que de pronto perdió su reino?

Surgencia

Se está sin estar —cerca, junto—,
se vive con esa sombra: nos acompaña, luego crece
hasta esfumarse en la callejuela;
última alondra en el horizonte,
ni muy de prisa su vuelo
—sólo el aleteo preciso para no caer—
aun a sabiendas de que abajo se vive en el abismo.

Mujer dando la espalda

Entre calles de muros derruidos
cables restallan,
desbastan fisuras en las vitrinas.
Sola
            en la humareda del instante
sin oír siquiera al cenzontle
irrumpe en el paisaje.

La infancia perdida

Se adentra en el bosque,
regresa a donde la madrugada ejerce ya su potestad de ramas,
embiste sin preguntar,
entre la maleza escarba, da tumbos,
estalla al resplandor de su inocencia.

Memoria de una hoja

Abrir las puertas al otoño
de una memoria roja en la raíz,
clorofila que se desvanece a la sombra del fresno
apagándose entre los escondrijos del follaje.
Entre sed y angustiosa ruina de estatua caída
fuera de sí se busca la existencia,
pedacería dispersa en la hondonada,
naufragio, peldaño, nervadura.
Aún palpita en busca de su origen.

Caricia que dispone

Quiero empaparme de tu lluvia,
que corra sobre mi cuerpo
y se desparrame hasta mojar mis pies desnudos,
lento llegues
hacia donde la hierba canta y se ladea:
luz
de tu caricia
que dispone el fruto.
Boca arriba espero
el gozo de tu lluvia que revienta.

Ahí estarás

Avivamos la sangre seca
de un mundo que quisimos retener.
La sangre no se seca en la herida de donde brota.
En la charca sube, se ensancha, lo abarca todo
hasta la luz que se disipa en la espuma, crece de forma
distinta en cada cuerpo, se adapta, toma otro rostro, otra
voz, busca la sagrada quietud, el andén
que exime de la grava. Caer no te deja
cuando pecho abierto su plumaje entrega.
Sobrevuela el pedregoso fondo.
Mas no cambia, sólo asciende hasta esfumarse
y ahí estarás tú, en el olor de su sal, sin nunca sentir su ausencia.

Últimas horas

Te alejas, colibrí,
sin más destino que tu sombra,
sin más explicación que el infortunio.
Cierras la ventana cuando aún es de día,
cuando entero el horizonte se desnuda a tus pies.
Ciego incrédulo, mis dedos alcanzan por instantes
el vuelco de tu vuelo en altamar.

Despliegue

Entre los carrizales,
la garza sostiene
el mundo en una pata.
Nada altera el ritual de su entrega.
Inclina su cabeza, esponja sus alas,
y, en breves giros, a la rosada espátula
se ofrenda.
Largas varas de juncos bosquejan el horizonte
de las aves.

Desamparo

No, no fue el invierno con su espada de hielo
ni sus brazos cansados.
No fue la lluvia obstinada inundando las cosechas,
tampoco las pardelas en el risco.
Ni siquiera la espesura de las nubes sorbiendo los aleros.
No.
Soy yo con mi acostumbrada ausencia
quien del nido se aleja en la tempestad.

De Desierta memoria

A Juan Lozano Névraumont,
porque alumbró mi oscuridad.

El pan de cada sombra

1.

Esta costumbre,
esta grave costumbre de perderse
al momento en que hilos,
hojas lanceoladas,
tenues luces
de rostros
se deslíen
y cuerpos se borran
como en una vieja fotografía.

Hacienda, pan,
todo guarda su nombre bajo la sombra.

Siete vados antes de entrar a la ciudad
aún esparcen su mancha neblinosa.

2.

Ruinas, nogales, sicomoros
desmoronándose en mis manos,
y entre huellas
el asomo de un lugar.

Espeso el polvo, las cordilleras,
el nocturno cañón
donde los gansos blancos de Babícora
esparcen la ceniza que dejaste enterrada en el Chuvíscar,
en la distancia que llamamos cercana indiferencia,
sus múltiplos sumándose a la trayectoria de tus días.

El eco de tus lamentos entre muros,
la soledad que ciñó tu muerte,
mito de noches y distancia,
certeza de lo que ya no es.

3.

Arde la aurora,
alumbra la ciudad en ruinas,
el corredor de ancha bóveda,
los caminos de tierra,
el pantanoso suelo de la caverna;
y buscas en tu cuerpo
ese cuerpo
extraviado
que se hunde.

4.

De noche las persianas,
los sueños
alejando su frente,
el vino que aromó la mesa,
el mediodía.
Él era el mediodía,
la morada,
el sueño de quien ve doblemente en los espejos,
y en ese sueño el alarido,
la cuerda que nos ata
de los crepúsculos
a la contemplación.
Hablará de tu luz, alas de hielo,

devolviéndome el canto,
la fuerza de los años
sostenida
en un atril.

5.

Qué lugar es éste en el que habito
de hojas y penumbra presentir.
El polvo sella
el hambre del recuerdo...
Cae la noche
entre el silbido de los trenes.

Vestida de novia
la muñeca
de la hacienda va
por el pasillo oscuro.

6.

Orlas, círculos en la arcada central.
El amor desciende sobre el imperio de la cera,
alumbra el pan de cada sombra,
las tardes de manganeso,
la puerta en la balaustrada
que abre al mar
de tu borrasca.

Vuelve a tu cuerpo lo marmóreo azuloso
de raíz
y desde el techo antorchas
cuando el agua del corazón adormece.

La sequía adelanta una luz
y su palabra,
al centro,
como una gran copa de alabastro.

7.

Desde lo alto del jardín
el ocelote;
desde lo alto la columna,
el blandor de la hierba,
la sal,
la blanquísima túnica del olvido;
devastada ciudad, salutación del mago
            que de lejos aproxima
el resplandor,
invierno que adivinas
            y hiere
            con su cobija de escarcha.

Junto al mar,
en el risco
donde los pelicanos duermen,
una reja sobre tu rostro,
una casa vacía
entre la cresta y la baja marea.

8.

Jardín donde la rosa desgajó sus pétalos
            sobre altos aleros de ébano;
las *demitasses* bajo el péndulo,
el piano, su macramé
deshaciéndose
entre gasas y azogues de espejo.

Un eco apenas luz
arde
en el recinto de azulejos.

9.

La pileta al centro,
los adobes, la acequia
donde flotan nardos:
cóndores que se hunden
en la niebla;
la pérgola, el vino puesto,
la silenciosa sal,
el pozo oscuro de palomas,
la lluvia contra gastados cristales
son velas que resplandecen,
remota luz que enciende
el pasado a la mesa.

10.

Tres blancos potrillos se alejan...
La materia del deseo
gastada en la precisión de tus infinitos cálculos
es la noche rumiando
la dimensión del fruto
breve en la mano abierta del invierno
sobre el blandor del pasto.
La materia del deseo,
su precisión de infinito,
es la noche,
esta noche rumiando
mi dimensión de fruto.

11.

Entre aleros y campanadas,
rezos y palomas se extienden
a lo largo de la calle.
Y la madre, abismada
en su ajetreo de alacenas,
en su ir y venir
por el negro lienzo,
por el negro día
donde la hierba fenece.
Los aleros se desploman
como palomas muertas.

Así van sumándose las horas,
el crujir de la madera,
las sombras de los sicomoros
en medio de un silencio,
en medio de un vacío
que recorre tu espalda;
sumándose las horas,
largas horas de este invierno
que enmohece.
Mas la malla resguarda el jardín
entre azulejos.
Aquella edad
aún pende de la rama
como un pájaro enfermo
y al anochecer
se abre al caudal
de la nostalgia que crece.

12.

Dos ibis sosteniendo el tiempo,
cielos para que al menos

un instante pudiéramos soñar.
Luego, los altos montes,
atolones circundando la isla,
esa limitación tatuada
          de faro
y llaga de raíz,
esa perpetua gaviota perdida entre los riscos,
esa raíz oscura de lago mudo y órbita violeta.
¡Oh, madre! La muerte en tus manos
          y en el orto
las rosas abiertas
          hacia la copa del ébano,
urnas que alumbran la levedad.
Y en el principio el Amor con sus alas rojas
sucediéndose
sobre láminas de cobre
que su piel desprende.
Fuego, manos,
marchitan esta grave costumbre
de rostros que se deslíen
y cuerpos que se borran como en una vieja fotografía.

Hacienda, pan,
todo guarda su nombre bajo la sombra.

Sed

Ruinas

La luz es sólo apariencia de la luz.
Acaso viento,
          derrumbe.

La antigua ciudad ya reposa bajo el agua.

En las aguas de lo oscuro

Rompe nave y orilla
y se sumerge.
Da de sí
lo que de sí no tiene.
Corazón náufrago:
desatas nubarrones
y sumerges
oscuramente
el Alto Techo.

Estancias

Oscuridad
del mar en el que habito.
Oscuridad, niebla,
mar
y furia en este vuelo.
Oscuridad
y ni gaviota lejana,
ni certeza...
Sólo pasos de muerto en mar abierto.

Sed

Ser luz que alumbra tordos entre las hojas,
sol penetrando la abierta llaga,
niebla que transforma el destino de tu sueño,
desolación de faro,
gaviota sedienta
que se aleja cuando la lluvia.

Desnudo frente a un espejo

El azul sargazo de tu desnudez,
las tristes cosas ante el espejo,
viejas cosas que se resisten, en su nostalgia,
contra las nuevas cosas:
los muslos firmes de las muchachas,
trazo perfecto de Delvaux.

Fondo marino

Dentro crecen las perlas,
asoman
recogiéndose en sí,
sumándose
a valvas y raíz.
Sigilosas,
ven pasar la hora vertical,
la madrugada naranja,
el amplio fluir de caracolas y madréporas
buscando la memoria de su reino.
Mas las perlas, sin dejar su centro,
alumbran el remanso que asciende.

Signo

No más tu piel,
ni piedra de templo,
ni grano que germina.
Nunca mármol tallado,
ni lápida de héroe.
Sólo mosca en el ojo del asno,
ojo del tiempo,
vida en el cielo trazada.

El mundo

La cúpula dorada,
los portones de hierro,
arcángeles,
legiones...
Este intento
de vivir
la historia condenada.

Augurios

Un cielo rompe,
busca abrirse paso:
negror profundo
de arena y planto.
Sobre tu lecho
una luz
abre su fronda.
Late en plenitud.

Abandono

Sobre el risco
un pelícano
llena sus párpados de luz,
enciende su plumaje y se yerguen las palmas.

Desciende hacia el quebrar de espuma
en donde lento
a su sombra se abandona.

Pasaje

En un trazo
perfectamente delineado
el horizonte;
en gris
la figura de un hombre
se esfuma entre rojas
y amarillas pinceladas,
luego vuelve más densa y profunda.
La realidad es algo que no acontece;
vivir, sólo un
árbol
de oscura claridad.

Cihuateteo

El cuerpo descascara su añil
y rojo
queda el cinabrio en el tocado,
la cera mineral en párpados,
la serpiente enroscada a la cintura,
el sahumerio,
los labios entreabiertos.
Queda el deseo.

Vacío de amor

La propia soledad
que ha sido,
que será.

Fragata

Mira a lo lejos
y se mira a sí misma.

Honda
en la partida.

Lejanía

Como un astro la memoria
se desvanece
en medio de la niebla.

Patio

Sobre la ropa tendida
la lentitud del alba.

Santa Isabel

Los niños en el río
miden
el fondo de la transparencia.

GARZA

Bajo el sabino abreva

nítida blancura.

Floresta

Ramas de sol
escapan
como peces blancos.

Santo Domingo

En el atrio
faisanes
iluminan charcas.

Estío

Y no es que el árbol pierda su verdor,

es el alma que anula su follaje.

ORILLA

Las aguas
rebasan
el curso indefinido del olvido.

Sólo agua pedí;
nada más en mi sed.

Horas

Bajo el portal
llevas a tus manos
el fruto de la niebla.
Un tordo abandona su rama,
viaja al estanque
donde suelen flotar los cisnes negros.

En las manos del musgo
enciende su tristeza,
luego cae en desolado bosque.
Una luz marchita,
un ave herida:
la niña busca entre los restos
fragmentos de quietud.

Ruinas sobre ruinas
y entre ellas
un águila:
una sola rama,
un solo encuentro
el resplandor del ave.

Su resplandor alumbra las tardes del zaguán,
su fuego enciende las tinieblas.

Al puerto de olas fúnebres
se suman lluvias. La estrella lejana
es el hilo que une la densidad de este sueño
a la doble estela del abandono.

La muerte en tus muslos de agapanto
y en sus manos, el aura.

Sedimentos de alquitrán de la flor,
madrugada de nostalgia, timbales entre nubes
abren la misma herida.

La mañana
bajo manos de rocío
quiebra su tristeza.

Descenso

1.

Frente a la farmacia Niños Héroes
el cine de pájaros y el olor a musgo;
de Sisogíchic la fronda de álamos,
el paso del ave que se pierde,
las vendedoras hacia el Parque Lerdo
donde niñas juegan a la bebeleche
y niños se dan toques sobre charcos,
          tomados de los postes de luz.

Entre grises
          la hondura de la tarde,
la perfección del círculo
que de noche desciende a cubrir tus sueños;
memoria clarísima
vuelve la imagen,
la nota suave de la brisa,
reflejo apenas
de ese otro tiempo en los charcos
tomados de los postes de luz,
cuando los héroes eran niños entre pájaros
y aquel olor a musgo...

2.

Años que agitan las ramas secas
de la tarde
que se desploma
entre el níspero
          y el arrayán.

3.

La luz abre paso a la fronda,
sus aljófares festonan los cielos;
huertos iluminados por la mansa hora
que regresa su pulso a la materia.
Llevadas hojas por el viento;
lejano límite, la playa,
aquellos días sagrados bajo la inclinación
de ramas
cuando la callada hora
alzaba el fuego de los ánsares
y un techo de alas sobrevolaba
el portal de gastada pátina.
Larga es la noche frente al mar,
hondas las soledades de este reino.
¿Y dónde hurgar?
Cómo encontrar el rostro perdido
de esos días
si en el regazo de la noche estoy.

4.

La vereda, la dispersa lluvia,
el sino blanquísimo de la lejanía,
su capullo abriéndose al corazón de la noche;
y bajo el puente,
la desolación del invierno,
sus abiertos nardos,
la calle perdida entre la bruma,
los rostros de aquéllos que saben
que, aunque toques sus cuerpos
tú no estás.
Estancia de miedo presentir

y flotar en la vereda,
en el sino de la lejanía;
agua, lluvia, materia finísima del sueño,
nítida hora bajo el abrazo del otoño,
hora del comienzo entre piedras
cuando el deseo planta su rosa de construcciones
          al centro del espejo;
infinita prolongación
repitiéndose bajo la llaga.

5.

¿Cómo creer?
¿Qué hacer para que florezca
          de nuevo?
La nieve,
tus manos enguantadas,
el tiempo sin cubrir la grieta.

6.

De su belleza,
de su blanco jardín
germina el musgo;
haciéndose luz
anida y crece,
traza su universo
bajo el círculo del mediodía
como un espejo de piedra.
Su ausencia es esa luna
en busca de un mar
          que defina su flujo;
y las gaviotas en lejano vuelo,

estelas
          hacia el amanecer de los esteros.
¿Recordará su sitio
la muda sustancia de la niebla?
De su belleza,
de su blanco jardín,
la noche rueda.

Niebla

I

Breve sustancia la niebla,
su clarísimo carbón, su pátina de viento...
La tierra apenas humedece
la piedra circular donde manan antiguos destellos,
el néctar petrificado,
cristales de este invierno;
y en generosa calma
buscar entre menudos giros
otoño adentro
los recuerdos
cuando todo es cascada acreciendo su abandono.

II

Bajo el murmullo de los álamos
la voz, ese leve impulso
contra el cielo,
un surco de gaviotas,
ese mar entero
de brazos que extienden su corazón de nuez,
horas de este invierno
como un tigre,
su callada resurrección entre sombras,
la vida,
recordarás la vida,
breve sustancia, voz,
lámpara que es niebla
ante el espejo.

III

Todo olvido guarda una luz,
un nombre cada fotografía,
un año cada árbol;
dorada en semillas, de grisácea arcada,
la oropéndola teje sus nidos.

Las nocturnas copas de los árboles
son nuestras mientras nos hundimos.
Y no basta ese llegar a la raíz,
ese perderse entre sus copas subterráneas;
es la voz, incierta y estrecha,
que apenas arde;
la hora del comienzo y el fin,
la suma de moradas bajo la luz de los olvidos.

IV

Sobre lajas se fija el resplandor
de un cielo rasgado,
            y en la inmensidad
íntima de los bosques,
aquella edad del que nada sabía,
abierta a la luz de los deseos.
Pero la niebla ciega cualquier señal.
Ocre de raíz a río
la forma devanada de la noche,
su aliento apenas audible:
voz incierta,
apenas arde,
álamo distante
que flota en el seno de este sueño.

V

Nada queda,
sólo esa sensación de carne que se desmorona
en un paisaje de invierno.

Porque fuego es presagio de hielo,
desnudez de ángel, opreso laberinto,
ausencia
          con dedos de sangre dibujada.

VI

Ligera, se va perdiendo entre los álamos
segura de su luz,
aroma de agua quieta;
en lo fugaz
del arrullo primero
la leve coincidencia.

Sólo una noche basta para alumbrar
en lento ascenso
el tenue pulso que retorna.
Dentro del hálito la quietud, su deseo
que estalla
sin dispersar fragmentos.

Desde la raíz, entera, la frágil voz regresa.

VII

Todo aguarda tras el ventanal: el estero,
los ánsares, este sentir apenas el reflejo
porque oblicua nace la sombra,
la conjunción que cierra la niebla;
esa materia finísima del sueño,
su naciente verdad que llama desde lo hondo,
la desierta memoria que germina.

De Todo antes de la noche

A Olga Ayub,
en su descendimiento.

Raíz

El viento
desmoronaba el barro,
vértigo, dolor era ese viento
en su descenso:
el encuentro
con la primera voz:
la muerte.

El muro de raíz sedienta
rasga cielos
de aquella hora.

De nuevo brotarán
salmos
palabras destejiendo
sobre el espejo.

Apenas el agua circundó la tierra
en su centro
se abrieron cavidades:
el viento devoró las copas de los cedros,
los nidos, el rostro de aquella voz.

Creer, crear la oración
que nombre su presencia,
el misterio
de su alma desprendida.

Todo era tiniebla
(de raíz),
arteria
dilatada
cuando el viento
derrumbó la cúpula.

En vano
la tierra hunde
su perpetuo nacer.

Cielo esta boca, hojas
la orilla,
el río congelado
y la tierra del recuerdo
evaporando
su fragmento de piel.

Mi ser,
mi ser errante,
mi ser,
miseria entrando,
mi ser
          silueta.

Lo que no fui, siendo
afina su sombra.

Ceguera, allí estarás.

Hay regiones que son sílabas de sombras.

Desde lo hondo
al viento
la dispersa ruina.

Morir, morir dentro
del árbol
al aire y lumbre
florecido.

Hija del hambre,
tus pasos segará
la pétrea luna.

Voces, voces distantes,
espejos,
palabras piedra:
Todo antes de la noche.

Descarnada belleza,
de ti
busco salvarme.

Hay una luz
en su aliento
de árbol,
pájaros
de aquella tarde
en fuego revestida
sobre los huertos.
Luz
el aliento del árbol.
Pájaros,
hombres,
en esa estancia herida.

Amar la luz
de aquella nube de ceniza,
los once túneles,
las huellas de las bestias,
caminos que entre las humaredas
caen del cielo.

Tierra dispersa de semilla,
guarda la salvación,
el silencio en la piedra,
la mirada del río en su sollozo.

Tierra dispersa de ceniza,
guarda la salvación,
ama la luz de aquella nube,
los límites,
                    el alba.

Bajo el manto de fuego
la luz emerge
de su cuerpo
    —mundo, hora, hombre,
    casi muertos—
a la espera del comienzo.

Fruto somos

Van los hombres y las cosas
hacia la estancia primera.
La travesía es la voz.
Del monzón de arenas
emerge lo olvidado,
el polvo se levanta
en pequeños círculos.
Van a la entrada
del silencio.
A lo largo
la quietud,
la sagrada quietud
del sueño que los sueña.

Los alminares ciegan de resplandor
y Brueghel a la orilla encuentra la puerta de Dios.
Almagre de guijarros, limo y olvido.
Entre la visión del Paraíso y el santuario
los leones azules buscan el agua en el lecho del amor.
En esa agua los cimientos,
en su manto de fuego
resonancias,
melodías de otra lengua.

Tú curas la ceguera
en aguas del Lagash
y el corazón
es noche
configurando el sueño.

Buscas perdón
y la palabra río
abre hasta el fondo la voz:

Aún escucho su inmensidad.

En tus ojos
la historia desgarrada,
las luchas, los animales fieros.
Busco salvarte:
Aj ibur shapu, No persevere el enemigo oculto,
no sea su sangre en tu vasija.
Rostro sin velo,
cuanto has temido
cada tarde
regresa
mientras das sorbos en la *demitasse.*

Una flecha en el barro con la inscripción *ti*
alumbra («*enliti*» es palabra) a los elegidos
bajo el reinado del león.
Los dioses resguardan Tell Brak
cuando el oscuro jadeo del viento.

Mi cuerpo es ramas
y el cielo
          insostenibles portones borrosos.

Penumbra en el alabastro,
montes de limo bajo las frondas,
maderos de cedro
y tú,
espejeante entre las dunas.

Ciega a tu destino
de la mano vas
hacia el abismo del conocimiento.

El oro de las nubes se desliza
en la espesura
de tu paso, paquidermo, por Siam.
Piedras preciosas ornan tu cabeza,
accedo al árbol de purpúreas hojas
que me hablan de aquella luna
sobre tu piel. En tu trompa
ramas
recién arrancadas
son cielos de plegaria.

La memoria es presencia,
fruto de lo vivido,
en equilibrio avanza, vidente,
hacia el verdor.

Más allá de tu piel, más
hondo que tus huesos,
el dolor, el dolor.

Boca de este canto,
espejo eres.

Rota espuma

Una tierra devota, madre,
un vientre para la miel de lo perdido,
tierra de todos
en el *ibrik*, cobre esbelto donde la espuma
multiplicaba tu rostro.
Busco la duración y no aparece.
Veo desplegarse la oscuridad
labrada
desde un brillo solitario.

Surgen en mi incertidumbre
muertas, un puñado de hojas grises.

Las formas ceden a lo inmóvil:
humo obstinado en engarzar
las perlas.

Sangra en el vidrio, astillada,
la claridad.

Por una brizna
aposté mi palabra.
Lanza fue
la imagen de su luz.

Ráfagas,
          hojas

y el blanco templo
          de muros que se esfuman.

La memoria de los sueños
son rosas que te salvan,
noticias que traen los pájaros cuando es preciso
despertar sobre la rota espuma,
mirándonos, como en una alegoría.

Se incendia la ciudad
día y noche,
es el sueño del creador.

Nacemos por otros ojos
en la cólera del invierno.

Se abren en el pecho
las vencidas crujías.

En medio de la tormenta
latidos
y esa nostalgia que al cauce de las aguas avanza.

De Akkad a Sumeria espíritus
de su esfera desprendida
llevan su sangre al río.

Entre el rumor de las sombras
miran
al ave de la lluvia

caer
sobre la lápida.

La melancolía es destino
diciéndonos lo que no somos:
un huerto tejido de sombras,
la cicatriz de la tarde,
el rostro que lucha por saber quién fue.

En el portal
los pájaros recuerdan
el viaje
          y, sin embargo,

temo perder lo que de ti queda cuando te vas.

Borrar quiso los límites, el puente.
Luna de sangre
que el corazón escucha.

Bajo el agua
hundiéndose el linaje de su luz.

De melancolía
e invierno
redes vacías,
oscuridad que somos.

El viento deja de soplar
en esta noche de puerto.

La nieve o el halcón
entregan su silencio
a la rama desnuda.

Sobre el agua
destellos de flor
y no estabas.
Nada es para sí.
Tus manos
en el marfil de Har
saben a estío.

Eras trigo al aire sosegado,
linterna que alumbraba mi cuerpo,
huella caudal de mis sentidos.

Tu palabra ave para mi sendero.

Mas ahora te desvaneces
y mi corazón sufre.

He de llorar
a mitad del río,
a mitad del puente
el fuego del amor.
Es la pregunta de la carne,
alas y caricias
de lumbre hasta los huesos, he
de llorar.

Nunca dicha es la llaga.

Signos

De las piedras profundas
un agua cristalina
refleja el oro y el bronce,
la cara del buey,
las puertas y los nardos
que tu partida
deshacía.

Quiero acariciar tus cabellos cansados,
agitar el légamo,
adentrarme en el germen
intocado de tu nostalgia
y ser casi muerta
en la agonía
desde siempre,
a la orilla del miedo,
de ti faltando
amor.

De noche
distante
te pierdes,

vertical y distante
te apagas,

te desvaneces.

Me alejé, recogí las cerezas, la miel,
la perdiz que guardo
para ti.
Para ti florece la blancura
sobre la colina de Ishtar.

Ven, quiero ver tu cuerpo
en la fosa fresca que besaré.
Los años, luz tenue de estanque,
son apenas duración.

Bésame, tu bendición
es un destino poblado de pájaros.

Duele saber
que el astro
vuelve
raíz
entre piedras,
hojas
desgajadas
del invierno.

Pero los pájaros ya estaban en tu cara
y un río de siete lenguas
era tu árbol florecido.
Por esta tierra desataste el sueño
y el alba dejó escapar
fulgor de lumbre.

Color de áurea intensidad
el cielo es.

No, no moriste del todo.
El pasado
con todos tus sentidos,
con todos sus escombros
es bajo la piedra
oscuridad que cubre tus manos yertas.

Amorosamente en el lento río,
morosamente en el mar del amor, muerta.

En el agua
te buscaré:
aquellos días
espejos
mi voz
derrama.

De las entrañas brotan
las aguas dulces,
las sombras vegetales,
la sustancia de amor

que los dioses aguardan.

El atardecer
vierte
su balbucear
en el bastón del ciego:
conduce
a lo sin rostro.

No había voz
ni brasa que me elevara,
mi seno al miedo cada noche,
al desamor mi sed.

Breve es el amor
y largo el camino
que lo cultiva.

Mis ojos aprendieron a ver fijamente las piedras,
la noche y la mirada de la madre,
sus palabras extrañas.
Aprendieron a ver sin mirar
en lo que permanece.

En la tarde de su descenso
los vados filtran las hojas,
la niebla se desparrama,
mi madre se deja asir.

El viento
sopla
piedad
por un último hálito.

Sino,
rastro,
la cauda
de su lamento
arde,
eleva
su densa permanencia.

Sustancia del cáliz

Se rompe en tu regazo la nervadura del sueño,
la noche te cerca, se hunde,
te da, mujer, la tierra.

Hay una ausencia, un hilo gris,
se han borrado los azules,
las aves han partido y la lluvia
ha extraviado las ovejas.
A salvo queda una
(vi cómo se apartó del rebaño,
cómo fue asediada,
la miré desangrarse,
y me encontré en el surco de sus ojos).

Sauces, cirros, cántaros
para la luz de la inocencia.

En la visión de los primeros años
el vino se derrama,
la niña sujeta las flores,
ofrenda su canto: estrella
que al vacío es alimento,
rosa perdida en tierra,
abandonada,
casi quieta.

La voluntad
cierra sus puertas
y no hay quien diga
manos de tierra,
ojos de tierra
floreciendo.
Pupila,
este negror de mármol
es ave
internándose en la espesura.
Es otoño en tus manos, grieta.
Inclinada permaneces
donde las bestias bebieron.
Nada que cambiar.
Entero el germen sellará tu silueta
que desde los escombros asciende.

Como una sombra
en ruinas
te busco
mas te alejas
en un carro de fuego.
Si me acercara
al espejo
llegaría la tiniebla,
su monólogo
hiriente.

Vuelve,
dolor desnudo,
a mi desnudez.

Fondo de ancestrales auras,
la impronta de tu imagen
en esta habitación
no alcanzo,
todo huye al roce.

Adéntrame en el llanto:
que ruede como lenta lluvia descendida.

Tu rostro por velas alumbrado,
la bruma de tus labios
y el casi transparente cuerpo
al fondo
de raíces desgarradas.

Un último perfume
junto al árbol.

Por la mañana
el viento repite su viaje.

Arde en mí tu ausencia.

El peine, las horquillas, las fíbulas de marfil
en el armario.
Oh tristeza dulcísima.
Dulce variación en las distancias del alma.
Vago noche y día, te llamo
y no aconteces.

¿Dormirás ahora?

El rasgado cielo
deja caer sus agapantos.

¿Dormirás entera?

Muestra la tierra, la miel del viento,
el refulgente ojo que me aguarda.

Dame la miel humedecida,
desea mis palabras,
aduéñate, salmodia de la lluvia,

de mí.

Árbol
tu cuerpo
en el descenso.

Quietud
es ola siempre.

Húmeda hierba
mi necesidad
cegará.

Flor abierta
en fino hielo,
la sustancia
del cáliz
en altares de niebla
es luz de faro sobre el risco,
entre ruinas asoma,
reabre
lo oscuro.

De Leve sangre

I
La tarde

Vacía
la
          tarde
se vacía.

Hermosamente
          de palabras
se vacía.

Vacía de agua
          doliente
mi lengua

vacía.

Necesitaba del silencio, como la muerte el destello de la flor, madrigales para hundir mi leve sangre, piedras de río donde enjugar el paño sagrado.

Dios optó por la parvedad; creyó que su creación había terminado con el barro y la belleza de la criatura. Ignoró la desolación, no pudo ver más allá de sus manos, lo blanco del pensamiento que sube a las alturas con el azor.

¡Callad, hermanos muertos! ¡No alcéis vuestras
voces, romperíais las vasijas!

¡Cubrid la podredumbre en los ojos del hambre!

... las palmeras se agitaban con el céfiro, los cristales trizaban su soledad, astillando las jarcias del árbol que nos vio nacer.

¡Mas no lloréis vuestra falta, precipitaríais el final!
¡Derrumbad el altar del austero incitador de los inocentes!

(La palma datilera atormentará
la mesa encumbrada por los reyes).

... atados sus pies, los arrastraron por el desierto, sus cabellos envueltos en paños magenta, memoria del oscuro signo del carey.

¡Dilatad vuestros pasos bajo el sol, abrazaos a la
serpiente cuyo rastro de arena es el más puro!

¡Bebed vuestra sed y cada quien bendiga
su expresión!

(La palabra encenderá desnudos cielos,
órdenes para labrar los cristalinos huesos
que asoman en la vega ramosa: pálpito
de nuestra orfandad).

Vengan peces a mi orilla, alimenten mi salsedumbre:
mis labios beberán del vino sin reconocer la escama de su
linaje.

¡Un sol lastimará la mejilla que ofrecisteis pues nada
es más digno de ofensa que el anhelo de la propia hiel!

Ríes con risa sardónica, lavas tus
manos en la noria lamosa con el
pudor de un dios que busca borrar
las manchas purpúreas del universo.

Dios, ¿por qué desgarra tu granizo las tiernas hojas de los tréboles?

Oh mar
Inmenso
Acoge
Mi desamparo

Y el viento anunció que nuestra sería la miseria:
Illa nec misere moriebatur, nec omnino moriebatur.

Era su sonrisa el brillo plateado en la albufera, ráfaga incrustada en mis entrañas, era vuelo de ánsares su mirada por la que yo ascendí los montes del origen. Sin temor me demoré en sus pupilas penetrando las olas.

En el lento devenir de su pensamiento yo era luciérnaga, pasos en la incierta vereda.

Y el viento de mi corazón batía
como vela en el vendaval.

Callé, y la luz escuchó mi silencio.

Todo dolor tiene su momento. Verdades inquebrantables yo seguí en los pasos de los astros, la señal que desconoce el tiempo del alumbramiento y transcurre entre ambiguos deslaves. ¿Qué mano respira el aura de los cedros sin miedo a suceder? Tócame, toma mis brazos de flor a punto de derramar la elevación de su tallo.

El hombre sólo es hombre, mientras tú, oh dulcísimo cáliz, vives en el imperio donde el velo del ángel se desgarra.

¡Almacenad los trigos para la hambruna, el remo vertical cuando el cierzo arrecie! Inclinados ante la ceniza imploraréis la nuda semilla de la desvergüenza.

Es un engaño el azar. ¿O es que la luz se apiada del pobre de corazón al ver su paso ciego en la colina? ¿Floreció o es eterna la caléndula, la extendida serenidad del quetzal?

Horas en el transcurso infinito del árbol. Probé su sed, temblé ante la tempestad, la negación con su voluntad de poderío.

Acompáñame, sé mi guía en la piedad, alcánzame esa rosa que en tus labios se transforma en vino dulce. Ave, asciende a la colina que mide las longitudes de mi origen. ¿No te das cuenta de que tus ojos hablan el follaje? Ven, toma mi cuerpo, envuélveme de ternura cuando casi soy acacia.
Oremos, el largo beso en la pradera.

El sitio que visité en tu ausencia era una mariposa. La espina sangró savia azul. Te vi llegar en el sueño y una pluma flotó sembrando de alborozo los verdes portones del patio.

Llegaste entre las gasas, colibrí.
Tu perfume asigna tonalidades al paisaje,
y tiñe, violácea, la espesura.

Llegaste por el inesperado camino
limpiando de llaga mi leve sangre.

II
Recordación

Creí con la creencia de los santos,
me pregunté
qué cosa es el amor.

¿Y la soledad y el dolor, esos pájaros nocturnos
que nos lanzan
a la hiriente
boca
de la hiena?

Amé creyendo en el abandono,
vi los cisnes dejar su estela,
el lago congelarse.

Vi encenderse
los lirios
bajo el fresno desnudo,
desnuda yo
sobre la tarde.

Cuando miro la tarde todo se vuelve real.

La memoria llena sus vacíos, los pájaros el cielo. Regresé a la rota mirada de la madre, sus frases oscuras, el vendaval manchando la ropa en el patio, las hojuelas del hollín en el durazno. El silbido de los trenes es recordación, sinceridad del árbol.

Sólo la palabra restaura la quietud, allí, donde la esencia afina su brillo.

(Hablaste conmigo, escuché tu llanto, tus manos cerraron las fotografías. Miraste al suelo: «No abras la puerta, déjame estar sola.» Mi padre encendió el televisor y se puso a mirarlo como quien mira un muro. ¿Dónde empezó a fluir todo este silencio? Es diciembre: «No abras la puerta, di que no estoy».
Una puerta abre otras puertas a lo mismo, me dije).

Una llama alumbra los pasos, estorninos de inmensa geometría, su sangre en el lienzo vela lo blanco del espacio.

Entrar a la espesura no nos hace ciervos.

¡Abrid las puertas al mar, oh ángeles de mi karma, romped la llaga de este invierno! Santa Maria, madre di Dio, nostra è la carne degli angeli. Il mio corpo è più freddo dell'aria nebbiosa che sfiora la spiaggia.

Esce dalla sfera il lamento dell'usignolo.

La tua esistenza
la tua sofferenza
sono il riflesso delle stelle
che affondano nell'acqua,
sono il canto dolente
dell'usignolo
quando si ferma l'albero.

Ed io, vedo solo il tuo viso
tramontare
come il sole
della mia solitudine.

El ruiseñor presagia la altura de la tempestad.

Si es cierto que al crepúsculo todo tiene su hora, entonces vi un ánsar borrarse en la niebla, cegar las crestas el brillo, el águila perderse en su silencio, infinita.

El mar, el mar, don de nuestra falta. Y en el pretil, el jaspeado verdor del grillo. Oh, Dios, abraza este cuerpo, es mi lengua, es el fluir de mi sangre entre olivos.

(Sus ojos miraron el principio, amaron la duración de la flor, pero el dolor cubrió el oro silencio de Sainápuchi).

Arde en su soledad la piedra.

Piedra que en mi camino he dejado morir,
—yo también fui piedra—
y el silencio como principio de su resonancia.
Y la palabra es llave
para alumbrar
el filo de lo que ya no es.

pietra morta in pietra viva,
*in guisa d'uom pensi e pianga e scriva.**

* Francesco Petrarca.

III
El orden del mundo

Mi madre me enseñó a caminar el desierto sin quemarme los pies. Ella, descalza en un ángulo de sol, extendió hasta mí su sombra de árbol enfermo.

Caí dos veces en la fuente del Parque Lerdo,
dos veces mi rostro
no encontró
la gracia de una herida.

Bajo delgada lama sentí el sosiego de dorados peces.
Ella cambió mi ropa y preguntó:
¿Cómo es posible?
No supe qué decir al escuchar
abrirse su aterrado silencio.

Espina del pez, forma labrada por el verbo.

¿Qué se busca? ¿Qué alcanza en su límite la llama?

Ven, déjame besar tus ojos, ven, el alba derrama su niebla en el huerto, lee conmigo las páginas de una historia no contada, los pasos en la nieve, las manos de ternura que se desvanecen con las horas, tu lengua de arena disolviéndose en las dunas.

¡Oh, soledad, tú vaticinas!
¡Oh, espina del pez, moja mi silencio!

Ásperas sandalias fatigaron el desierto, la sed, los leones azules de Pérgamo. Y en el ámbar, el insecto enredando su memoria.

¡Cuánto espanto confinado!
¡Cuánto olvido en nuestra lengua!
¡Cuánto duelo en la palabra!
Y el dolor, esa mancha que impregna
el mármol, los nidos, el aulos,
la veta rugosa del cedro.

(Al morir la tormenta
atravesé las inciertas arenas y
alcé un muro contra el cielo
de Al Asad).

No desaparece ante mis ojos aquel mundo. Sigo soñando tus pasos sobre el granito manchado de gris.

E la paura diventa pace nella dimenticanza.
E il sogno diventa acqua se scoppia quella tenerezza che solo il tempo raggiunge, nella casa non c'era lei, non c'era la vita creata da Dio, non c'era il rumore della sua smarrita solitudine.

Non ho mai visto quel viso rosso di cielo sconvolgersi, non ho mai visto quelle mani vellutate perdersi fra le colline, mai, non avevo mai sentito la musica della sua voce che mi chiamava, il richiamo della sua follia.

Esa noche soñé tordos sin plumaje. Una enorme matriz rojorosácea gelatinosa se desprendía de mi cuerpo, el pulpo y sus ventosas. Esa noche de multiformes ondulaciones el mar cedió al alumbramiento.

Elizabeth, quiero ver contigo la marea,
que el viento borre nuestros rostros
nacidos de rocoso seno.

Quiero contemplar contigo el monumento,
los riscos, la plata dispersa de la espuma.

De todos los silencios, prefiero el mar.

Lento se mece el sueño del agua.

Recorrí las veredas, en el corazón de la tiniebla escuché el llanto del venero, allí extravié el fondo de mi tempestad. ¿Dónde comienza el fin de la mirada? ¿Dónde se rompe el primer hilo de la cometa? Recordé la tierra sobre su rostro, las rosas calladas, en su pecho el misal. El deshilachado listón en el Salmo y en mis ojos el torrente espumeante de las aguas.

El destino trazó lirios en el viento, jade de rota inscripción.
¿Y el hombre, ese vino derramado en la tierra?

El cielo se cubrió de una desgarrada tiniebla.
Palidecen las agujas de los templos.
Se colma de vacío la antigua memoria del pez.

Se alzaba tu voz como una escalera
bajo el agua, murmullo que era ausencia./ Olga Ayub,
¿qué hacías cada tarde en tu cuarto?
Te imaginaba tendida en el sofá,
el altero de periódicos,
las cortinas corridas,
en tu vientre los miedos
encerrados
como tú
tras esa puerta
de cedro
que aún
no logro abrir.

(¿Existe una escalera que besa el agua, o era el fondo
de la arena ascendiendo turbio hacia lo real?)

Luego de mi muerte
nada quedará, no habrá
memoria mía.

Yo también yazgo sola,
sombra que en un solo fondo
se desparrama.

Lento paso del caimán.
Nostalgia
de ánsares
hacia el hueco inmenso del cielo.

Dije sed, y la playa se hizo plata.
Dije huerto y el olivo ardió.

Al silencio me abracé. Vi quebrarse el brillo naranja del firmamento, robles encendidos, arremolinada en las farolas la polilla. El amor intangible de los amantes disolviéndose en la lumbre. Vi fragmentos de espejo, manantiales incesantes esmaltaban los pliegues del coral.

Esa tarde regresé a la albufera. Una inmensa soledad me miró. Vi al ave del desierto hundirse en el horizonte, el sol caer sobre los cedros de la melancolía.
Mi cuerpo ascendió más allá de los tordos en la bruma.

Solo muere el arroyo.

Cuando te bajas de mi cuerpo
se agrietan la arena
y mi sed.

¿Qué nombramos? ¿Qué imagen
de nuestro yo rescata el piélago?
Las nubes avanzan y el cielo persiste, inmóvil.
Mañana la luz arreciará invencible,
el tigre y su mano inmortal.
Y Dios hallará refugio en la plegaria.

Orar, oírse en la incertidumbre.

Nadie dice nada cuando muere el mar.
Nadie sabe que al llegar el día
nadie dirá nada de la luz.

Sombras asomándose a la oscuridad.

Nada haya de cierto en el cielo.
Nada. Ni estas palabras.
Tal vez aquella mancha de gardenias junto al sabino,
el rojo horizonte al abrirse el final.

En el comienzo sin final, el ave nace su destino.

No todo es su decir. La melancolía en la habitación
es orilla silente,
latido prematuro.

No todo nos expulsa:
hay regiones que son sílabas de sombras.
No todo es nuestra lengua.

IV
Somos la herida

Voz, eras el mar.

Y el descenso, la herida.
Te vi desde el ojo del buey, oh Niobe,
en tu negro aposento.
Tus manos sujetan
el raído eslabón,
llamándome.

las flores negras del pantano
son voces de hojas caídas.
Todo lo oscuro,
toda la ruina
permanece.

Io voglio essere sfogliata dall'universo, trascinata dall'ombra che più non vede quell'immobile dolore dell'usignolo nel gelo. Siamo soltanto l'ombra del sogno, il ritorno al primo palpito. E io affondo nel desiderio di perdermi nella fessura dell'aria.

La piedra hablará un dolor que nadie escuchará.

Y yo me hundo en el deseo de perderme,
en el estanque que me agita:
ser, dónde el ser.

Sólo el amor sostiene
la gravitación violeta
de plumbagos.

Sol que a un tiempo
alivia y seca.

La mirada de la madre perdura
prolongación de una ausencia.

Fui a hablar mi sueño pero sólo escuché...
Salí deseando no haber mirado nunca.

Háblame de otra luz, la vasija está en el suelo.
Siento miedo al naufragio, al río de pájaros
entre las lápidas; miedo, siempre miedo,
y las campanadas que ciñen la isla.

Y tú te sientas a mirar cardúmenes,
lirios giraban
por toda la habitación
llagándome.

De aquel muro la voz, las volutas,
el rostro de los muertos que amé.
Regresan como una fría
tarde en la banca solitaria del piano.

¡Nació allí el brillo de la tormenta!

(El miedo disuelve el cuerpo del espejo,
ígneo abandono y ciega mirada rota).

Madre, eras lumbre en mi fluir.

El agua lamía la luz del escollo.
Ardía la arena de aquel mar cuando los pájaros
enlutaron la casa.

La muerte de la niña
cuando el tren equivocó la vía.

V
Liel

Liel, la voz salía de la sábana. Su boca arrojaba llanto,
era el rostro del viento, era el rastro del reptil.
Liel, mueres cada noche en mí.

Liel, no eran espectros, el dolor era real,
escuché el estruendo en mis huesos,
un cuerpo despojado apenas de su carne.

Liel, ¿cómo se vuelve a los pliegues del origen,
al tiempo cruel del desamparo, cómo, si el rostro
entraba ya en la tierra de la oscuridad?

Una paloma entre nubes
y destellos de aguas quietas
busca sumergirse.

Oscura, se hunde en el silencio,
se desvanece entre los peces.

Mar, la niebla es tu silencio.
Mar, al risco arriban los vencejos.
Mar, meces interminable el nacer.

El vendaval dispersa lo que arropa del comienzo, el instante retrocede de transparencia en transparencia, huella la piedra, los claros de los olmos, los resquicios de lo inmóvil. Ese mismo trino engendra la alianza de quienes vuelven sin terminar el viaje, esa marea que nos lleva a la quietud-olvido, a la orilla donde miras restos de peces en la espuma.

Torrencial es la sequía.

Esa tarde recorrí el jardín. Las hojas picadas del peral auguraban mala cosecha. Ya noche, atenta a las manecillas, entreví el brillo de la magnolia, sus henchidas venas como manos de madre que muestra el mapa a sus hijos. El brillo en el envés de las hojas era la herida. Sentada en la cama recordé sus ojos apagados, su mueca ante el espejo: la miraba mirarse, desconocer su rostro, morir de oscuridad.

Y la soñaba: eran tres palmas frente al mar, el rojo inaplazable del cielo, sus lentos pasos, y la tristeza, esa mancha indeleble del limón en el granito.

Apenas se oía el polvo,
latía la luz en los intersticios de la veneciana,
y tú esperabas la llegada de la galera.
Flotaba el brillo en el oleaje. Remos a la orilla.
¿Llegó o se fue la embarcación?
Casi todo resplandecía. Casi todo.

¿Por qué el sauce no se reflejó en la alberca?
El ave sí cantó a pesar del vaticinio,
callado viento de azafrán
habitaría esa noche la pradera.

Eras tú entrando en la habitación, tú atravesando el aire.
Desnuda te esperé. La bañera rebosaba deseo,
el árbol inclinado, la humedad suave
del tacto, los azulejos, el agua, la luz
de la cerámica en los cuerpos.

Luego, el reposo de la llama. Ciegos
nos hundimos en el lino,
roces que colman el abandono
cuando al hielo regresan los cisnes.

Nieta eras de tu madre, y la noche, el tallo astillado del leatris.

Sólo si la espada es real se abre
el corazón al infortunio.

Un ábside de sol, y el viento dejó entrar
la soledad por todas las cuartenduras.

(Liel, había miedo en su mirada).
(Dios, ¿en dónde estabas a la hora de mi resurrección?)
(Y tú, ave del desierto, ¿en qué venero apagabas tu canto?)

Vetustas barcazas navegamos,
agua siempre infiel,
seca sangre aferrada
a esta rancia
melancolía.

Brillaba en el muro el reflejo del
río
bajo el puente donde los veleros,
los
picos de las gaviotas, guiaban los vencidos
hálitos
del cedro, hacia el eco del viento,
como
si una segunda señal, un ciego
grito
en la torre,
inaudible
cercara de malaquita las leyes
sin
hombres que desde su trono de
lluvia
desvelarían el azar.

Un dolor enciende el silencio, y en la habitación, el ánsar de la niebla.
Húmedo mi cuerpo en la llama.

Suspendidos de nada nombrar el amor buscamos.

Solo en su requiebro el mar.

(Ese día, Liel, me encontré en sus ojos: el sol caía en los tiestos, en el Libro, en la ceniza. El viento abrió mi sueño. Ese día, Liel, vi flotar su cuerpo sobre el lago).

Señor, yo soy falta.
Soy Tu falta.

No debí haber nacido.

Blanco fuego flotó ese día
en el brillo del marjal.

Al alba escuchas el bastón del ciego
y no te atreves
a distinguir
la lumbre.

El Libro dice: crea la imagen única de la realidad.
Yo digo: crea la imagen de la ausencia.

VI
Nuestra descreencia

Erotizo mis palabras
Porque no puedo
Erotizar mi cuerpo

Las lleno de pasión
De fruto
Al reventar

Erotizo lo que toco
Menos la carne
Pues es tan grande mi deseo

Que la carne
Si tocada
Ardería

Erotizo cada hoja
La tinta
El filo del cajón

Ardo en el teclado
El mouse
Lo oblicuo del bolígrafo

Erotizo mi voz
Mis senos contra el vidrio
La máscara del Buda en el buró

La pobre cruz de Cristo
Su sangre
Sus espinas

Después de todo
Nada es pasión
Sólo un madero irredento

María Shalhoup la llaman en el desierto, a donde huyó dejándonos su perfecta miseria. Entonces, enjugó sus ojos en la sal.

Hablabas la lengua que te vio nacer en la estepa de Tell Brak. Vaciaste tu corazón. Entregaste tu sol a los sin ojos. ¡Cuánta iridiscencia en los alcázares! ¡Cuánto fulgor en las escarpadas colinas de Duma! Reunidos en la casa unos a otros leían su indescifrable destino. Y ella, la que ardió, colmaba de leche la invertebrada higuera.

¡La plegaria será dicha!
¡Los poderosos confundirán el oro con los cuervos!
¡Lirios nacerán a las sábanas de quienes alcen su rostro en el vendaval!

Asciende la voz
desde una llama fría.

Ven a mis ojos, María,
en el orto de tu bendición.

María, María, María: tus ojos guardan lo cenizo del olivo.
Acompáñame en mi ascenso hacia los ríos que de lo alto despeñan.

(Atravesé los diluvios del pacto sagrado, recorrí
mi sed sin más voz que el madrigal, mas tu
cuerpo acmeico no retengo. Eras blanca,
María, entre las sábanas: de la lumbre ascendías
aromada de cedros. Te veo en las alturas de
mi sangre, junto al cesto de los peces).

Sendero el ojo que se adentra en la corteza.

Fulgor de plata todas las soledades del amor,
temblor de vasijas lo oscuro,
lento vaciarse de huesos.

(Esa noche entré en comunión con el mar.
Caí al fondo de sus ojos y en el oleaje
era espejo la incertidumbre).

Bajo el granado un oleaje de humo blanco,
la sombra del arroyo,
la bendición del pan.
La quietud de una mancha de gardenias.
Para alumbrar
basta un breve recuento de pétalos.

¡Oh, noche,
arráncame de esta casa!
Astillada viene a mí la claridad.

Nuestra mirada flota en el mar.
Nuestra mirada se hunde en el horizonte.
Nuestra mirada se fija en el cuerpo de la sangre.

Cierra la noche la certeza oculta.
La guerra de los muertos prepara su festín
en altares de piedra.

Legiones bajan a sacrificar el orden de las bestias,
días en que el amor es sangre derramada:
oscuras estancias vacías.

Dicen los santos que el descenso es la herida,
que las confesiones mejores son las más dolorosas,
que la negación seca la necesidad.

Y yo me buscaba en el agua,
y me perdía entre los sepias
tallos del laurel.

Pero tú fundas el silencio
y esparces la lluvia.
Madre, no acabo nunca de nombrarte.

¿Atravesaré el lago,
el fango entre las piedras?
No hay reflejo de luna, no hay espacio en su agua.

El trisar de las aves migrando.
El árbol caído.
Y, tierra, la sed.

¡Flor, soy el ojo de tu sangre!

Mysterium Terrae

Surqué la flor, la tempestad en la carne del árbol
y el mar se abrió al alumbramiento.

Lumen Dei non videmus
Lumini Dei non credemus

(Cáliz la desmoronada palabra,
aromadas hojas del guindo
tus manos cuando lavan los jades).

El alba derrama su niebla,
y tú cierras mi desnudez.

Tu vedi la mia anima solo quando è ombrosa
Tu credi nella mia anima solo se fiorisce dolente

Agnus Dei, tu scateni le tempeste
Agnus Dei, tu non togli questo smarrimento

Mysterium lucis necessitas verbum inveniendi est.

Ese calvario es el mar de sombras
abriéndose desde la llaga.

Azufradas olas entregan su último hálito.

Apuntes

I.- LA TARDE. *The Complete Poems of Emily Dickinson,* edited by Thomas H. Johnson. John Ashbery, *April Galleons*, Trad. Esteban Pujals Gesalí, Visor Poesia, 1994.

II.- RECORDACIÓN. Francesco Petrarca, Canzone II, de *Canzoniere.*

III.- EL ORDEN DEL MUNDO. Safo, *Poemas y fragmentos*, versión castellana de Juan Manuel Rodríguez Tobal, edición bilingüe, poesía Hiperión, Madrid, 1990.

IV.- LIEL. Edmond Jabès, *El libro de las preguntas*, Vs, I y II, Ed. Siruela, Madrid, 1990.

V.- SEQUÍA. Alda Merini, *Cuerpo de amor: un encuentro con Jesús*, Ediciones Vaso Roto, Barcelona, 2008.

MYSTERIUM TERRAE
Charles Wright, *Una breve historia de la sombra.* Ed. DVD, Barcelona, España, 2009.

De Cuaderno de Chihuahua (Fragmento)

Fue una tarde soleada de marzo cuando conocí a mi abuela María Shallhoup sentada en su silla de ruedas en el zaguán de la Mina 1004. Ella hablaba otra lengua, extraña mas no ajena para una niña de cinco o seis años procurando sus pasos iniciales en las dunas. Había un aire de fineza en sus ojos, una cóncava transparencia, la memoria de la arena y, en sus labios, las palabras secretas que más tarde usarían mis tías para hablar de las cosas vedadas a los niños. Hubo un tiempo en que mi abuela cegó su mirada y decidió callar. Apartada, exhalaba sonidos con inusual elegancia: dolor y sabiduría reunidos en su inmortal guedeja blanca. Jamás olvidaré el impacto que en mí causó verla mirar la tarde como quien busca borrar para siempre las manchas rojizas del horizonte. Su blancura evocaba la nobleza infinita del desierto.

Aquellas palabras interdictas no eran los retumbos que Cratilo hubiera arrojado a las hondas tinieblas; no eran ideas, tampoco apariencias. Se trataba del primer asomo a la agonía de la voz: esa tarde vi una estrella hundirse en la fuente. Como tantas, era una estrella muerta, una luz sin luz, un agua bañada en desnudez. Mi abuela era una estrella vaga en el claro firmamento. En María Shallhoup vi lo que más amé en mi adolescencia: los ancianos, en quienes proyecté una indefensión intuida y asumida; y los niños, también a ellos amé –su libre ternura, la ilesa claridad de su sonrisa. Hoy me pregunto qué es lo que en ellos temprano se apaga. ¿En qué momento se borra en ellos su deseo naciente, ese primer inmenso paisaje en blancos cuyo límite es tan sólo el pinar? La locura de mi abuela fue el errado frescor de su alma.

Labios resecos, momentos en el zaguán a donde la sacaban a tomar baños de sol; inédito, remoto misterio que en lo azul acrecentó mi sed de vacío. ¿Con quién hablaba cuando hablaba María? ¿Qué pensaba, qué soñaba? ¿Qué dolor encubría su cuerpo blando, lo translúcido de su piel? No hay cuerpo que vele el dolor ni cielo que encubra los años padecidos. El cuerpo de mi lenguaje nació de aque-

lla su blancura. Una sombra blanca bajo los pasos de su niñez, una sombra blanca que crecía negra entre los sarmientos, una sombra, ora negra, ora blanca, agrietaba los cimientos endebles de la casa. En los ojos de María aprendí las leyes de las dunas: deben borrarse las huellas que arrastraron otros pies. Nada sabía de su historia: la lengua de la Mina 1004 fue arena que con el tiempo reclamó escritura. De su brillo surgió el germen de mi soledad.

Mi madre, tres de sus hermanas y Jorge, el mayor, nacieron en Chihuahua, a donde llegaron mis abuelos al salir de Beirut con el fin de procurarse un mejor modo de vida. Paulus Ayub, mi abuelo, para nosotros Gito Bulus –recuerdo su foto en el muro de la sala– salió del Líbano en 1895, un joven que vendría a América con el fin de probar fortuna y formar un hogar. Mi abuela María salió de Duma un año después y, con apenas nueve años, la pusieron en un barco para hacerles casa a sus hermanos mayores, Antonio y Salomón. Mis abuelos eran cristianos ortodoxos. Paulus y María se casaron en 1901: ella, con catorce años, él, con treinta y dos, un hombre recio y violento, según lo recordaba mi madre las ocasiones en que, encorvada, llegó a hablarme de él. Mi abuela trajo consigo su fuerza, su miedo, su desierto y, en su lengua, la estriada raíz de su linaje. Fueron siete los hijos de María.

De Jorge me enteré por Laura, mi prima, a mis once años una tarde de invierno. Veníamos de El Guacayvo, entre la 7ª y Ojinaga, luego de comprar jamoncillos, un alcatraz con pinole y un peso de chicles Totito. Estábamos por llegar a casa de los abuelos cuando me sujetó de un hombro y me dijo: «¿Sabías que tenemos un tío loco?», sólo le pregunté: «¿Cómo se llama?», ella respondió: «Jorge». Esa mañana su madre, Esther, le había hablado de un hermano internado en el hospital psiquiátrico de Kerrville, Texas. Los jamoncillos (revolcados en coco), el pinole y los chicles se desintegraron en mi mano. Por la noche vi morir el sol contra el fondo de los chopos. Las nubes exhalaron blancura y un torbellino esparció la niebla. Años después, leyendo a Kierkegaard, aprendí por qué un secreto puede tornarse «garantía de la integridad». Echa raíces para hacer crecer la incertidumbre. Nunca pude hablarlo con mi hermana, tampoco con mi madre.

Mis ojos se llenaron de silencio, sustancia generatriz de la poesía, espuma de donde brota todo mar. Un evento se vuelve ola, reflejo desde donde se mira la historia que uno debe callar. Ahora, luego de tanto extraviar rumbo, empiezo a escribir este Cuaderno de Chihuahua, *desierto de voces, piedras, ríos mirados desde esta suerte de diamante que es la infancia, fluyendo en nuestras vidas hacia un mármol de rota inscripción. Y el tiempo, oh Dios, un brevísimo cáliz, brillo del albatros: unas veces ciega; otras, esparce su sombra en el risco. Aún veo su mancha al presagiar la helada; la mancha, una llamarada de nubes sobre los árboles, dejando caer su brizna de aserradura. De la mano del ciego tocar lo blanco, caer en la voz, ser lumbre. El silencio es la veta llameante del lenguaje.*

El tío Jorge

No lo conocí. No abracé
su cuerpo
aferrado a los barrotes
perdido
en una bata gris.
Dicen que miraba la lluvia
siguiendo al universo
cuando una noche de marzo
abrazó su muerte.
Miedo mi boca
mar mi confusión.
Mi madre borró su imagen para siempre.
En ella vivió su peso muerto.
En Olga Ayub pervivió su oscura lumbre.

Hoy pienso que de haber tenido más años hubiese roto el secreto y quizá le habría preguntado a mi madre: «¿Es cierto que tienes un hermano loco? ¿En dónde vive, quién lo cuida, por qué no lo visita-

mos?». Pero Laura y yo seguimos andando seguras, esa tarde, como tantas otras, sobre la calle 7ª que nos llevaba a la Mina. Encerrada en nuestro cuerpo aquella duda ardió y, tras el pacto sagrado, seguimos saboreando nuestras golosinas. Los ojos del niño poseen la gracia de trasver el pasado sin el temor de la catástrofe. Laura continuó narrándome la historia que su madre le había confiado esa mañana. La misma historia que mi madre enterró para siempre en sus ojos. Ese día la vi mirarse y perderse como nieve en la noche. Tras la puerta oía su llanto que por las mañanas se traducía en un ir y venir de su cuarto a la cocina, apresurando en sus pasos la pena. En la niñez entras en algo mucho más grande que tú misma.

Miércoles, tengo seis años, meriendo en el Parque Lerdo; las ramas espinosas cubren el césped recién sembrado. Mi padre mira por el retrovisor antes de marcharse. Suelto la mano de mi madre, corro hacia la fuente; me busco y entreveo el rostro de la abuela, lo blanco de su cabello, lo blanco de su memoria, lo blanco que en el fondo es toda fuente. ¿En dónde estoy?, ¿dónde mi cara?, ¿qué hay en el fondo lamoso que no alcanzo a ver? Me asomo, me asomo... me asomo hasta caer. Es el primer recuerdo del viaje hacia mí. Difícil conocer las raíces del agua. Mis manos dejan de moverse, mis ojos se pierden en la sombra sembrada de cielo. Miro, miro fijamente el fondo donde algo ha dejado de temblar... Mi madre, enfadada, me saca del agua y me amonesta sin saber qué decir: «¿Cómo es posible?». Desde entonces me busco en las piedras, los árboles, el sol perdido al tramonto.

El espejo sin romper, el agua aún turbia.

Buscaba siempre mi rostro en las vitrinas, me buscaba en otros ojos, en el cielo tapiado de pájaros. Vivía sin vivir, estaba sin estar. Como la abuela, empecé a hablar sola. Escuchaba la música del agua, su lengua disonante, anotaba en un cuaderno azul el sonido de las palabras. Voy creando mi diccionario, primero con palabras que no conozco, después con palabras bellas que quiero usar. En el parque paso las horas mirando el agua gris. Lanzo una piedrecilla en el agua estancada; veo la otra fuente. Mi ma-

dre lee abstraída en una banca. Tiemblan sus dedos al pasar cada hoja. Sus manos, marfil de la niña que nunca aprendió a jugar. Mi padre vendrá a recogernos a eso de las 6. Tomará su brazo y juntos subirán la escalera de la casa de la abuela. Ella se inclinará a besar la mirada de su madre. Mi madre verterá lágrimas en lo tibio de la almohada. De pie, frente al vapor de la tetera, aún la veo en su silencio que luego esparciría por todos los rincones de la casa.

Noviembre, tiemblan las hojas, los tordos en los cables.
La historia del agua alcanza la orilla lamosa:
  el canto
    en los pliegues
      del nenúfar.
Lejos, las risas de las niñas.
La tarde parece blanca de tanto sol. Solo el reflejo
de mi madre, sola en la orilla,
la veo perderse en lívida orfandad.

Bendito dolor, dice el santo. Necesario dolor, dice el poeta. Bien lo entendió W. H. Auden: «About suffering they were never wrong, the old masters». En arte, el dolor es puerta. Una puerta abre otra, y muchas más. Más que puente, puerta. «Jorge era brillante, nadie lo entendió», nos dijeron años más tarde. ¿Por qué nadie abrió esa puerta? ¿Cómo es posible que una puerta separe mundos contiguos? Un árbol es sombra de once puertas. En el desierto, si no encuentras agua, ves una puerta. En Egipto, una puerta es un altar. El lenguaje es la llave de una puerta que el dolor busca desleír. Chihuahua es mi laberinto de mil puertas. Cada vez que regreso, visito la Jiménez 1406, donde nací: mi cuarto, el muro blanco, la ventana sin persiana, el patio, la mesa cubierta de fórmica donde Tina meneaba el azúcar de su café mientras yo la abrazaba al oír crecer el tambor de los matachines.

Visitar la casa para que algo renazca. En esa luz, una astilla atraviesa nuestras vidas y cada línea de poesía se vuelve una línea de sangre: del muro blanco escurren las letras rojas. Pero no hay que aferrarse a la melancolía, toda puerta es azar. La más fina bisagra abre los postigos de la compasión: mirar con pasión, con lumbre, hasta que surja y germine la porción de realidad que el dolor tiende a anular. Celebro el canto a la vida de Lou-Andreas Salomé: «¿Entonces, vida, / es todo lo que tienes para darme? / ¡Adelante, pues, que venga el dolor!». Evoco a Olga Victoria, mi hermana, porque ha hecho de su dolor fronda de sabiduría; se abandonó, cerró sus ojos, atravesó lo oscuro y desde esa oscuridad creó un faro en la tormenta. Reír; mi hermana aprendió a reír, a dar ligereza a lo grave, a escuchar el dolor ajeno con altura y fervor. Ella, la Güera, es una barca surgida desde el fondo. Juan Lozano Nevraumount y Olga Ayub Shallhoup bañaron sus ojos con leche.

Mirando las noches pienso que la poesía es anhelo de luz y ausencia de respuesta. Pero el poeta, como los muertos, camina mirando hacia atrás. Rememora, como el ciego, lo que un día vio y olvidó y, como el santo, lo que un día vivió y trascendió. Ambos comparten un ansia de vacío. Ambos inciden en la falta: uno la suple en la palabra, el otro, en su ruego. El poeta vive su soledad, el santo la sublima. El poeta indaga, el santo sepulta. Uno canta al dolor; el otro lo entierra. Uno inventa la verdad; el otro muere aferrado a ella. Mirando las noches ignoro el rumbo que tomarán mis versos. Se ha escrito que en lo oscuro yace la palabra y que desde esa oscuridad hay que hablar. Se ha escrito que desde la luz cegadora de la ruina también hay que hablar. Callar es mi pecado; escribir, mi salvación:

Nada es lo mirado,
tampoco lo real es guía de salvación
cuando el prado se tiñe de sombras.

El resplandor de dorada fronda
–todo follaje–
es preludio: caída

del sol que abrasa su corteza en plena oscuridad.
Extensión   de líquido
              pasaje
a otra nervadura.

Árbol visto en su perfección. Álamo
y sangre. Álamo,
sangre.

El amor oscila acorde con el viento y se filtra por
las precipitaciones del dolor.

Tengo y no tengo la línea en la palma de la mano, liquen
que brilla en el envés, pez de lenta corriente.

Bajo el agua las piedras pulen la transparencia. Bajo el agua
los pies se alejan de la realidad.

La historia de María Shallhoup no deja de asombrarme y hace que crezca en mí una mezcla de ternura y amor. Cuando Jorge, ella dejó estallar un torrente de temor acumulado, se abandonó a su soledad, y tomó el camino que suelen llamar «el lado equivocado de la vía». Se pensará que es el lado equivocado de la vida. Sólo sé que María aún vive en mí. La abuela dejó de viajar para quedarse en el estado intacto de la memoria dolorida. La recuerdo en el porche de la Mina, en su silla de ruedas, bajo los rayos de sol, dando rumbo y sentido a la casa. Un día la casa ardió, su cuerpo, su cara, y todo lo que encerraba su memoria. Fue el primer cuerpo muerto que vi. Ignoro si vi o si imaginé su rostro negro. El féretro lo colocaron en el centro de la sala. Yo tenía once y Laura diez. Desde entonces la tristeza se aposentó en la familia.

Mina 1004

Arder, yo vi a mi abuela arder.
Agosto. Chihuahua, 1963. Ella ardió,

su fuera y su dentro, ardió en la calle Mina 1004.
Vi a mi padre envolverla en una sábana, el colchón ardía;
las cortinas, la alfombra, su vestido
ennegrecieron. Todo lo recogió.
«No hagan ruido, su madre está cansada».
Lo vi de luto esa tarde de agosto con su corbata negra.
La recogió. Ceniza y llanto recogió.

El humo de la abuela en el zaguán, las tías
sorbiendo, ásperos, los grumos del café.
Había que borrar lo oscuro que dolía,
disolver la sal, el llanto, abrazarse,
sofocar el temblor del viaje, escuchar
a Paul Anka, por ejemplo, a falta de pulso
rayar el disco de 45 revoluciones por minuto.

Por instantes vivía, por instantes
todo fue púrpura: la mujer, el
cansancio, las frondas de los álamos. Después
el vidrio, el vidrio en el cedro,
el rostro quemado bajo el humo.

También mi madre ardió. En lágrimas su sonrisa apagada
«Arréglame el pelo, me dijo, déjame salir
a ver si ya está seca la ropa».

Tuve miedo. De que sus pasos lentos no volvieran, de la tersura
de la hoja, del sigiloso carcomer,
del reseco peso de la hiedra, ya sin muro, del
florero en la cocina, sin flores. De ese cuarto ciego con su
muerte tuve miedo.
De mí misma y el filtrarse del viento
que se llevaba el polvo de los sicomoros.

No habría tenido sentido avisarle al tío Jorge de la muerte de su madre. Eso se nos dijo. Hoy pienso en él, su ausencia innom-

brada, su seco silencio. La presencia de Jorge era como una doble sombra sobre el presente y el pasado de la casa. Esa sombra se desparrama aún bajo nuestros pies, es el cuerpo de nuestra palabra, el roto espejo que ya antes de la noche habíamos aprendido a nombrar. Hablar cura. En arte el silencio es lumbre; si no se expresa deviene catástrofe, aquello que se encubre presagia tragedia. Puedo asegurarte que el tío Jorge sintió la muerte de su madre. Los electrochoques no borran los recuerdos, dentro queda un olvido irreconciliado: la nostalgia tras los barrotes convertía el hospital psiquiátrico cada día más en su casa. Me hubiera gustado conocerlo, hablar con él, recubrir su melancolía. Pero en ese entonces Laura no me había confiado aún el secreto de su existencia.

Los fantasmas son los más agudos testimonios. «No temas —me dijo aquella tarde de enero en su consultorio— ellos sabrán dejar su impronta en el muro». El silencio de la Mina me fue abriendo voces, rostros, puertas que veía salir de lo blanco. En la Mina todo se presentía, la esquizofrenia de Jeannette, los intentos de suicidio de Lillian, el ensimismamiento de Beatriz, los pasos nocturnos de mi madre. Éste es el relato de los fantasmas que he creado. Soñaba bocas moviéndose, cuerpos muertos bajo mi cama y un silencio que, con el tiempo, vi crecer en percepción e intuición. Si no sabes estar sola vives el silencio como desamparo, si logras habitarlo, se convierte en tu más cercana compañía. ¿Quién recorrerá conmigo el camino hacia la voz? La vida en la palabra busca nombrar la sombra, delinearla en todo el peso de su extensión.

Contraria a su forma
la circunferencia
en un solo fondo
se desparrama.

«Los sueños son espuma», dice el anciano de Hoffmann. Penetrantes como el viento, sus palabras sugieren el cordón de la playa donde lo blanco separa fantasía y realidad. Burbujas desbordándose en la copa, los sueños rasgan la frágil memoria, son los pájaros que

sostienen el lienzo, el pronombre que no es «tú» y no es «yo» sino todos los nombres de tu cielo. Hay momentos que se asientan con el peso de las piedras bajo el límpido fluir del río; núcleos enquistados que suelen equivocar nuestros afectos: un gris borronea lo blanco escrito sobre lo blanco y nada de lo bello encuentra un lugar en nuestras vidas. Surge entonces algo como una adicción al dolor, un apego al sufrimiento, propio y ajeno, es así que lo mirado busca regresarnos a la primera vez. Se confunden empatía y culpa, brillo y espina, amor y necesidad. Al paso de los años, todo se traduce en nuestra falta.

La tía Jeannette

Ella leía la taza del café,
el dinero lo daba a los ciegos.
El resplandor de la ventana
atravesaba su escasa cabellera
hasta alcanzar la *demitasse* que sostenía su mano.

«Veo tormenta», dijo un día.
No supe si hablaba de mí.

Mi madre en los libros encerraba su dolor. Y Jeannette,
que llevaba en el nombre su sino, prefería la lectura del café.

Tarde a tarde en su casa la fila de mentes desesperadas:
que un viaje, que un amante, que la muerte,
un encuentro, cualquier cosa
que volviera extraordinaria una vida simple.

Ella, Jeannette, era la esencia imperfecta del amor,
ciega entre ciegos velaba la tormenta.

«Escríbelo todo», le dije, «escribe todo lo que ves».
Nunca me escuchó,
ausente, bajo el humo de la luna.

Mi hermana

Recostada en el sofá mi hermana escuchaba la lluvia,
la música de la cascada en el alero.
Subía el volumen de la radio
para no oír los pasos dispersos en el pasillo.

Ella sabía correr y llenar de aire sus pulmones,
hundirse cuatro metros bajo el agua
hasta obtener altos trofeos de bronce.

Algunas veces pensé lo peligroso que es detener largos minutos
el aliento, llegué a creer que desaparecería para siempre.
Vivía la ilusión del no regreso: sumirse por debajo del nivel,
algunos centímetros bajo el nivel.
Nadie se siente bien a la intemperie siempre.
Para permanecer, es necesario el descenso.

De Sobre la fronda y la medida

Écfrasis

Cuando la incisión abra la herida, ¿quién pondrá sobre tu rostro
los cálices embebidos en sangre?, ¿quién cubrirá de púrpura
el cofre en donde te veo, muerte, camino al alba?

Alguien será portador de los cuerpos.
Yo me asomaré por la ventana y el sollozo se reflejará
en el vaho como un recuerdo en medio de los tulipanes.

Nadie crece inmune a la desgracia, lo sé. Ni el genio, ni
el bosque, ni Dios.
¿Añorabas desde tu lecho la densa niebla en los Cárpatos?
Anselm, déjame conocerte, duerme en lo más dormido
de mi corazón.
Duerme. No importe que tu mano enturbie mi tinta, duerme.
No seque el humo el alba de tu rosa —esa rosa que no es de
nadie— cuya lágrima resbala hacia el surco cercano de un fin.

Un himno el naufragio de tu sombra y, sobre el mundo,
el ojo quemado del Libro. Ansioso de presencia
borra de la boca el vórtice bordeado.

Hierba, hierba de los montes,
ayúdame a traducir el grito de aquel mar que nunca
he comprendido.
Las bocas de los otros son largos filamentos
de esa rosa cercada por las llamas.
Beso aquellas manos, los vestigios, la lengua que creció
quebrantada en el otro lado de la aurora.
Traducir, vivir más cerca de la grieta, roca que aún cubre la nieve.

Madre, nunca entendí tu dolor.
He buscado en las páginas tus sílabas, tu erosionada
confesión, la écfrasis del canto, el relieve del escudo
en la embarcación cuya vela del color de la mora muerte trae.

En todo viaje alguien sale perdiendo. Y yo,
¿qué habré de perder?
Tuve miedo de que mi lengua se volviera de piedra.
Vamos cavando la fosa.
Con la palabra cavamos y cavamos en el polvo de los huesos,
ese espacio ausente y sus labios de ceniza.
—¿Qué más quieres de mí?

La casa arde cuando la ausencia es
un cuerpo que al contacto palidece. ¿Cómo era tu rostro?
La escribanía conserva el aroma de la palabra nacida
bajo la pulsación del cuchillo.
—Vine a dar testimonio por segunda vez.

Duerme.
En cada vocablo se entreabre el alma de las cosas.

Del lado de la bruma

Derramada sangre, comencé a escribirte
antes de nacer.
¿Cómo es tu rostro ahora?
Te oigo llorar en mis sueños,
oh, pálida Rosa de la Paz, te oigo llorar.
Llevas dentro un sol que asoma a la deriva.
Pero tú, ¿conocías la dicha o eras
la imagen de la noche que a todos desconoce?
La voz es una sed de forma
por la que he dejado de rodar en el vacío.
No hay límite en su fondo. Me sumerjo
en la sombra que se hace más sombra
conforme entro
en el más hondo corazón del pulpo.
El remordimiento, la ira, la culpa son heridas
que no alivia el ojo que azulea en mi interior.
Mi madre es un país alejado del mío, piedad
que me lanza a siete abismos.
¿Es necesario que pronuncie ahora su boca?
Hubiese preferido escucharla,
aunque su raíz vulnerara mis entrañas.
Entonces erré sola, la llave nunca es múltiple.
Caminé con mi voz
del lado de la bruma, recorrí valles y collados,
ciudades nevadas hasta forzar este silencio en mi garganta.
Soñaba a mi madre flotar en aguas someras,
entre algas,
dentro de un sarcófago marfil.

Y su voz me gritaba, y yo cubría con una mano
mi boca y con la otra los ojos, y le juraba
que no era yo quien habría traicionado su secreto,

que seguro los muros habían sellado su llanto,
ese llanto adormecido que sólo yo
había sabido entrever.

Yo corría hacia la espuma y,
conforme me acercaba,
su sangre me internaba mar adentro.

Mujer de arena

En la playa el cuerpo de una mujer
semeja un continente.
En su rostro toda la vida de un sueño
se encamina hacia las peñas, se disipa sin mirar atrás.
No intenta detenerse en la curva,
como si ningún remordimiento estremeciese
su alma.
De pronto era nube
que borraba toda imagen o recuerdo
para luego desvanecerse en las rocas.
El mar la devolvía a la vida,
azucena en lo cristalino
y yo sentía que en cualquier momento
la perdería para siempre.
Corrí hacia ella,
la estreché ola desnuda,
mis brazos temblaron irremediablemente.
Condenada a la culpa
quise retenerla.
No era que se fuera, me inquietaba
el remordimiento.
Aunque su pulso latía, su cuerpo
acabaría abruptamente desleído en la playa.

Corylus avellana

La palabra nace de semilla indehiscente.
Su herida raíz marca a quien la toca;
flor de abismo,
deja un brillo de otro tipo en los ojos,
crece en un piélago y te hunde en profundidades
acuosas,
su sino estalla cuando sientes el aroma de la flor
en la habitación
y desde el buró un derroche de nardos te acerca a
tu semejanza,
esa revelación que concentra tu mirada en qué
pedacería de espejos
—voces en el cuarto de atrás o que acaso
llevas dentro—
También la estrella predice el destino, las risas
de los invitados, la inevitable simulación, esa
alegría
que se imprime en los rostros temporariamente y
que, al salir de casa,
como sales del sueño al alba, te regresa a una cierta normalidad
que no acaba de ajustarse.
La palabra del poeta nunca acaba de ajustarse,
entrega su relente como una noche
en el cine de Godard
y la mentira se vuelve más noble que el luto.
Miente el río en que nos miramos: su luz
es siempre una ausencia.

Anselm Kiefer me escucha

Dice verdad quien dice sombra.
Paul Celan

Cobrizo marfil tu cuerpo sepulto en Thiais,
flor trágica que envuelve tus libros en el Sena de Genet,
la correspondencia del astro con el campo azul-nevado
azul fondo donde aún distingo tus esquirlas de humo.
Sarcófagos sobre charcas rojas velan tu cuerpo
y la negra leche del alba te conduce hacia el fin.

El vasto fuego del tulipán violenta la marea gris
y árboles de purpúreos troncos caen en un orden extraño
encendiendo el prodigio del sueño de Sulamita bajo ásperas
capas rugosas. A lo lejos, Barjac y sus girasoles
y, más abajo, la palma con su seco diamante.

Hebras de paja zahieren las piedras donde se oculta
la serpiente y su mordedura.

La máquina no se ha detenido.

Sulamita bebe la negra leche, cava en el temblor
de la arboleda. Araña muy dentro del corazón el odio
y sus surtidores que no nos apartarán del dolor.

De la amada has desanudado la azulina cabellera.
Su boca entre sierpes confiere la confidencia
transida de estrellas mientras añora el fragor calcinado del mar.

Contra el fondo bronce, tu cascada de oro, Margarethe, nos rescata
sostenidos de la sirga.
Una mata / de fugacidad, hermosa, / saluda tu memoria.

Tres ríos para Gonzalo Rojas

Agonía

No ceses de esculpir tu estatua.
Plotino

El alma,
¿Cuándo deja
el alma de crecer? ¿O
es que deja mórbidamente de creer?
No termina su agonía.
¿En que creyó, para empezar, si fue
vergüenza lo que sintió por estar dentro del cuerpo?
¿O es que la raíz de todo
nacer es piedra desnaciendo su linaje,
indagación en los sepulcros
de los resurrectos que son, a fin de cuentas,
todos los cuerpos muertos?
No nos apresuremos en esto del diagnóstico.
El agua agitada no piensa.
Veamos primero el tajo del alumbramiento.
Después, la lluvia.
El presente
no ha limpiado la sangre.
Lábrate, espejo en fermosura.
Llueve
y sólo parimos rosas.

Cuerdas de baglamá

Un carro tirado por mulas blancas traslada
tu cuerpo. Tú, en traje azul oscuro duermes
añil entre las rosas.

Esos días no fui menos feliz.

El filo del cuchillo
afina las cuerdas del baglamá.

No te alejes de mi visión.

No te vayas hacia el padre,
viene ya el vértigo veloz del Mapocho,
la piedra espera en el centro
del océano,
la piedra, la Santa, las flores sobre la lápida,
el blanco mantel como un sudario
y en tu mesa, el maná.

Alza tu cabeza. Di lo que me quieres decir.
Déjame acercar mi oído a tus labios y lento silabees
odio y amor.

Qué blanca tu camisa, qué delgada tu corbata, tu mano
abierta hacia el sol
ciego en la cumbre.
Oh, voz, dame tu silencio.
Yazgo sola.

El Arenal

Lo amé, con sangre de imaginar
herida:
tigre a lomo de mariposa, cuánto
lo amé.
Eternidad de estrella su aire besó
tres
áureas rosas.

Y en la mesa, el hambre. No
comió
a pesar
del hambre.

Juntos
lloramos
palabras sobre el plato
—yegua ardiendo en la pradera—.

Ese día leyó en Salamanca.
En lo solemne vio un cuchillo brillar
por encima del oleaje
y entró en el Arenal contra la inmensa
superficie del cielo.
La belleza clarea sin culpa.
¿Qué hago yo, oh, Dios, ahora con mi hambre?

Leyendo a Charles Wright
al abrirse el otoño

Tu ausencia en la hoja del ciruelo es gota
de fuego, y su flor, *Via Dolorosa* de la primavera.
En ti cada espina es cielo en llamas.
Tu pureza tiene la doble visión del agua, y el duro
corazón de la semilla la efigie del Buda.
Locust Avenue. Tus gafas a media nariz,
vaqueros y camisa a cuadros, la casa victoriana
donde sueñas la nevada cima de los Apalaches.
Y el puente.
Tu tinta es la mitad de las montañas; la otra mitad,
la eternidad.
La vida es un sueño sin rumbo, cielo reflejado
siempre en algo más.
La historia del silencio está inscrita en el paisaje.
Un roble de múltiples embocaduras repite tu eco
a lo largo del Monte Caribou.
Este abril no estarás allá, ni Holly —cámara
en mano— afinando su lente
hacia el brillo indestructible de la nieve.
Al desleírse, el río abrirá sus brazos y el viento
soplará suave contra la pradera.
Un halo de serenidad duerme ahora sobre el césped;
no la serenidad de ayer ni la del día anterior:
cada atardecer es un peldaño hacia el cielo.
Cuando la tarde inclina su rostro sobre el agua,
el silencio extiende su plegaria
sobre el diente de león hasta cubrir el pico
de la garceta azul como un fuego blanco
en lo blanco de la muerte.
El crepúsculo rompe su promesa en los labios de
Dios.

San Isidro, haz que la cordura llueva sobre mí y
sobre el mundo.
Oh, luz celestial, inaugura estos prados como
única salvación de mi voz
y pueda yo pulir la última aspereza de la mañana.
Li Bai en su cabaña anotó que la extensión del vacío es
el verdadero hogar de los poetas.
¿Cuándo llegaremos a comprender que lo tocado
o pronunciado es siempre algo más?
El plumaje de la garceta se desparrama junto al vitral
como un río amarillo
que asoma entre los robles, membrana sorda
en los ojos de Charlottesville
cuando la gente pasa las tardes de aquí para allá
sumida en la cotidianeidad,
hurgando entre toallas en rebaja, manteles
rojiverdes en las vitrinas,
días de ofertas de fin de temporada,
aturdimiento de las colas
para engrosar las cuentas no saldadas,
autodestrucción que ningún objeto
puede remediar mientras aquí, en la montaña,
la grave solemnidad del paisaje
se manifiesta en su anhelo de distancia.
Retazos de nubes abrillantan la cima del Caribou,
las Allegheny, los ennegrecidos restos
de la escarcha que sigilosa se abandona.
Callado brillo, dura membrana de la metáfora,
derrumbe inalterable del agua.
Tu rostro
emergía desde el destello granate de los arces;
era incendio tu mirar entristecido,
antorchas prolongando la caída inevitable del sol.
Atravesaremos juntos el camino, escucharemos
desnudarse el ciruelo más de una vez,

saldremos a regar los manzanos
en compañía de Cézanne, sus verdes botellas
en el reflejo del plato como quien espera ser atendido en la taberna,
la mirada perdida en el líquido rubí,
la mancha de melancolía desparramada
sobre la madera.

De Las lágrimas de las cosas

Pavo real

Una leyenda sufí dice que Dios creó
el Espíritu en forma de pavo real.

El ave muestra el pasado del ave
en el espejo
de la esencia divina.
Su luz resiste
en el agua.
Viento sobre las lilas,
paraíso de infinitos ojos que contempla el cobalto iridiscente
derramarse
sobre las piedras.
Sabe que nunca se repetirá, pues el silencio, como el pavo real,
sólo una vez se revela.
Abre su pecho, quiere ser la imagen del vitral, transmutar
en belleza su geometría, desde la arcada multiplicarse
en venturosos, sucesivos espejos, ojos resolviendo la memoria.
Luna de desprendido cauce, su paso fluye
con el pálpito del río, teme que se borre su pupila.
Lo oigo, me hace sentir
entero su misterio, y la llama
su permanencia herida.
Renace de la hierba su fulgor.
Sólo existo porque me mira
inscribir la savia cuando asciende hacia la fronda.

El poeta

1

Polvo
finísimo
que nadie ve.

Vidriosa soledad
que da al cuerpo
lo que no
sabe.

Alma que engendra otra alma.

Dice
mis ojos están rotos.

Clama en el vacío
la luz
que un día fue paraíso.

Cuando deja de ver,
alumbra.

2

Viaja, encarna la distancia, ama las metamorfosis, el límite.
No acepta que su ojo se incline a lo grandioso,
como si el vacío
o la nada
guiaran su mano, su tinta.
Su residencia semeja las valvas de una ostra,
allí concentra lo disperso

hasta florecer
la perla,
nácar que lo regresa siempre a casa.
Suya es la sombra,
una sombra intuitiva,
discontinua.
Destello de ola, su follaje derrama sobre la piedra.
Abraza la pasión, el peligro.
Está en la luz, filo de ceguera
que asierra el sueño,
mas su voz
persiste
blanca muselina
dentro, muy dentro
de la blancura.
Impensada nevazón, reclama el vocablo que arde.
Silencio más bello que el silencio
la palabra
paraíso:
el dolor se precipita en la poesía.

3

El mundo oculto de la ostra
es dicha
en su veladura.
Comienzo de un principio sin fin
la vida en la palabra
teje
su esperado nacimiento.
Eternidad pulverizada
el centro
de su ausencia.
El poeta
mira la estela

desleírse sobre el lago,
el ánsar al mantenerse en vuelo.
Su visión es blanca
y late con el pulso del río.
Calla cuando el cielo cierra
sus portones.
Está en el lugar
de sí,
de su ilegitimidad:
la terrible asfixia de su voz
combatiendo
dolidamente
las cenizas.

4

Muda cadencia, el poeta es relámpago sumido en la encrucijada.
Sol que despunta en la azucena, nunca burlado por el cristal.
Mancha de ocelote, se derrama sin traspasar su impronta.
Avanza protegido por su propia sombra. Raíz vertical,
su silencio aguarda como limo en el fondo del pozo.
Videncia y aurora, su grito estalla flor de abismo.

Tres piedades para Pound

Rasgadura

Fluye el río, mas no la voz.
La palabra, espejo de inconsciencias, llama
herida a la flor.
De anchuroso caudal, yegua blanca
es el tiempo del aluvión.
Pero el río, materia del deseo,
se multiplica en el agua
y no vuelve. Un
instante
tu ojo
rasga
el velo
de la realidad.

La nieve arde

1

Si digo bello no hablo de ti, dios de la lengua.
Tampoco del elfo azul en el estanque.
Si digo bello hablo de la luz
de tus ojos que han visto la belleza
flotar en el lago, del cisne negro cuando nombra
las soledades del amor, las soledades del dolor.
Hablo del amor que en la estancia resplandece,
de la plata vieja sobre la consola de una casa vieja,
porque el tiempo pule lo intocado por los dedos de Dios,
porque el tiempo hace hablar en nosotros las sombras.

2

Un bosque se abre y su verdor es duración
de aquellos ojos que una vez amé.
La nieve arde en el sueño y enciende
el corazón más dulce del otoño.

3

He perdido el hábito de avergonzarme:
mi corazón se inclina hacia la veta transparente del follaje.
Después, el presagio del hielo, largas noches de invierno,
el crujido de leños sitiados por el azul cobalto de la flama.

Trinità dei Monti

Cuando el peso de la vida cansa tu cuerpo, cuando tu corazón se debilita como una hoja de cilantro, cuando hasta tu cabello se deshace como los pelos del elote, cuando necesitas que alguien seque las gotas de sangre en tus pies, cuando tu rostro aún tiene que ser sostenido por la mano de tu madre y el eco de las injurias se escucha en cada astilla de tu leño, entonces yo me pregunto cómo es posible que, ante el frío del mundo, no pueda mirar el púrpura de la sandía, cómo no percibir la agraciada circunferencia de la manzana, cómo no escuchar la cantata desde el coro que alberga la deposición original de tu dolor.

Roma, 21 de junio, 2019

Vacío

No, no fuiste amada,
acaso traspasado tu cuerpo.
Temblaron tus labios,
se estremeció tu piel.
Pero no, no fuiste amada.
Ardió solo el árbol
en el centro
de tu vida
y en tu lecho amaste
mirando palidecer la luz
de otra mirada.
El cuerpo, al cabo, vencerá al amor.
Y al sordo rumor de las perlas
vestirás un mismo luto.

De Amonites

Hoy más que nunca la historia de la humanidad ha cambiado su rumbo, y ha preferido el corazón no consultar brújula alguna.

El arte es súplica del ciego.

El vino que bien se asienta no deja tiempo para el desdén.

A diferencia del ruido, la armonía es luciérnaga fuera de lugar.

A paraíso perdido luz de llaga.

En el Todo reposa un algo de sombra.

El tiempo, ese árbol sordo a la agitación del bosque.

No toda barca es sumisa al gobierno de la inteligencia.

Hasta que enciendes los mares ves el fondo de la perla.

En lavada piedra, la clara visión del pez.

Nada es el dolor si no reanima esa única herida.

La muerte no arranca la estrella que Eros imprime a la carne.

La mariposa aparece en el sueño como sortija incapaz de acariciar tu mano.

A fuerza de cambiarme, terminaste por parecerte a mí.

El brillo oscurece las cosas.

¿Cómo darte la altura de la piedad si es rencor lo que abre mis alas?

La gaviota adula su propia sombra.

No hay río que solo ensanche su cauce.

La visión, luz de viento que rasga tu ceguera.

El tulipán se sabe larga añoranza del mar.

Con el fin de ocultarte caíste paloma sobre la nieve.

El habla del bosque deja sin habla a la adversidad.

Se abre la flor al cáliz de su entrega.

Ante el miedo, renace en mí la ceniza de tu rostro.

¿Me ofrece la poesía algo de compasión, o es la negación de mi tragedia?

Hay frondas que necesariamente nos apartan de la raíz, de ellas brota una nueva sed.

Para escapar de mis vacíos me cubrí de trapos. Quise retirarlos mas, como piel quemada, se habían adherido a mis huesos.

Para ocultar mi insatisfacción me valgo del lenguaje ambiguo de la insatisfacción.

Pretendes no ver el fratricidio del que te excluyes, Yael, camino al matadero.

La carcajada de la hiena desafía al león: se respira un hondo hedor a sangre.

Los celos te lanzan a esa mar hasta extraviarte en la hondura de su raíz.

Al sentirme se dispersaron los pájaros.

¿Por qué temer lo oscuro si la fronda blanquísima del olvido fija la mirada del pavo real?

Nuestros labios, ciegos al pudor, besaban su agonía.

Cuando de la oscuridad escapes, hallarás tiniebla.

Quiso ser como la jirafa sin nunca alcanzar su altura.

Sobre la desnuda tierra llora su inmanencia el cielo.

En la última marea se acumula, amargo y maloliente, el sargazo.

¿Arden en la tristeza los finos granos del amor?

Sólo la sal conoce la sensación de estar a solas frente a la mesa.

¿Qué gota de rocío abre la entrada a esta luz haciéndose cada vez más luz?

¿Oye el amor la esencia del dolor?

Sólo los elegidos templan la fría llama de la ausencia.

¿Es inocencia o es temor lo que ofrece el cielo?

¿Por qué tras años de indecisión al abrirse la flor llega la helada?

En el espejo astillado, lo que brilla es la fisura.

Cuando el poeta ve, otros debaten lo ignorado.

Nada consigue un corazón con mantenerse cerrado a lo que abre.

Logré hacer de tu ausencia mi morada.

En el interior del ojo, el extravío del arte.

Fue dulce y cruel reconstruir la balsa en la que partirías.

En aguas abisales es oblicua la sombra del calamar.

Lejos de dar la espalda a la luz, a ella se arrojaba.

Cual dulce rosa abierta te muestras frente a él. Oh, certeza, lo exacto es siempre inútil.

Labrado jade, despierta. Presagio eres de un mundo inconcebible.

Da a tu alma algo de que sentirse serena.

Días en que las rosas alcanzan la transparencia de tu deseo.

El bosque habita en la mariposa.

Sabiduría, florecer en la turbulencia.

El sueño es la casa del lenguaje.

La barca lejana adopta una consistencia de infinito.

Ventiscas de verdad el trigo lavado en el patio.

El reflejo arrastra senderuelas hacia el cenagal.

De Ante un cuerpo desnudo

Señor, estoy arrodillada ante tu cuerpo desnudo para pedirte que bajes y no sea eterno mi dolor. Por tu rostro inclinado sé que sabrás escucharme y adivinarás mi angustia, ese lago de mil olas devorando mis vísceras. Así entro en tu llaga, rojizo clamor de la malvasía. Cuando miro tu rostro me aflige hablar de estas pequeñas cosas que son nada ante el dolor que corona tu frente. Sé que tú mejor que nadie sabrás oírme en este inmenso abandono que me habita desde niña pues los niños, a quienes has hecho libres y para quienes has abierto las puertas de tu reino, llegan al mundo bajo el confuso amor de los padres terrenos.

Querría entregar mi cuerpo como has entregado el tuyo para una causa mayor. Pero la rama ha quebrado este espíritu mío. No habría podido mover la piedra que yacía sobre tu cuerpo y que sólo Magdalena supo descifrar, pues vio en tus ojos, oh profeta de las palmas, que todo cambia cuando miras.

Tú eres el dolor de ser mundo.

Cada tarde al acercarme a esta cruz que te sostiene me doy cuenta de que la desnudez nada tiene que ver con los atavíos; la desnudez es el bosque por donde entro en tu lenguaje, ese dialecto de dos seres oscuros que en secreto se hablan, pues saben que las palabras exentas de amor hieren más que una daga. La desnudez es el gorjeo del pájaro escribano que ansía decirlo todo sin tregua, como si la expresión del dolor pudiese extirparse de tajo. ¿Acaso hay pausa para el ave que vuela huyendo de su propia sombra?

Las sombras que recorren tu desnudez son nidos del otoño que alguna vez poblaron los pájaros.

El poeta va coronado de mil hojas, heridas de los amantes, peces de aguas profundas escurridizos ante los peligros del amor. Así es la Palabra, húmeda copa de nenúfar que enciende la pasión y pronto es arrancada de su orilla. Cuánto teme ser devorada. El cordón de espuma, verde aliento, une la distancia entre el agua y la arena. Si el acantilado se inclina, acrece su nácar la playa.

El poeta acerca a nuestros labios la justa madurez del vino.

Y aunque me dictases otro camino, y aunque mis manos eligiesen tocar otra piel, yo abrazaría tus temores, pues mi desierto ha de cumplir una sola ley: cometer la injusticia de despertar aquel dolor clavado en la espesura.

Si pudieras oírme, si supieras qué angustia me asedia cuando todo comienza a girar en esta habitación que no conoce gravedad ni centro... Ignoraba que tu geometría pudiese dilatar el viento de tu física eterna. La geometría de mi amor no podría asemejarse a aquella de la Trinidad. Mi muerte inició con el olivo.

Jamás podré entender por qué eres uno en mí y por qué permaneces delta de mi lenguaje.

De tu cuerpo
desciendes.
Te miro
como el valle
a la colina.
Bajo el sayo
un trazo
delinea el calor
de tu carne.
Lo he entregado
todo
con el fin
de hacer visible
mi deseo:
tiemblo
bajo las alas
de la llanura.
Tú y yo
nos alumbramos
como dos estrellas
que desde siempre
se hubiesen conocido.
Ignoramos
lo eterno
entre dos seres
donde nunca hubo necesidad
donde nunca hubo sed
donde solo el tremor de aquel beso.

¿Dónde estarás, dónde si no te alcanzo en el oscuro bosque?

Querría saber cómo fue posible que una lanza atravesara tu costado, una amandava escuchando la soledad del mundo. ¿Cómo, si la noche presagiaba resplandor? Desde aquel día santo no ha dejado de escurrir tu dolor sobre mi piel. He intentado ir a otro cuerpo, besarlo como se besa una peonía, recorrer con las manos cada costilla hasta aliviar mi sed, pero no he podido, no he podido mirar con estos ojos otro cuerpo desde aquella noche en que te acaricié, y mi boca pronunció por primera vez tu nombre. Pude palpar cómo las estrellas se desparramaban sobre nuestros cuerpos con sólo balbucir la desnudez.

Un cuerpo desnudo es un árbol sin corteza. Su silencio no pide la flor que recubra la desgarradura, sabe que nadie puede ver dentro de su desnudez. Un cuerpo desnudo es un río que brota del interior de un árbol: la sed sólo escucha la sed. A las tres de la tarde oscureció, a las tres de la tarde se oscureció aquel mar. A las tres en punto de la tarde se inflamó de amor todo mi cuerpo. Hay pasiones que queman la raíz, azucenas que arden más que mil hojas.

Aun fuera del pote, ardería la flor.

Cuando miro tu cuerpo, no quiero que nada me perturbe ni acalle mi oración. Hablar contigo es la única forma, oh amado mío, de entrar en tu llaga, seca herida del mundo que no puedo ver más pues la he transmutado en tumultos de luz. Alguien que no sabía nada de ti, ni conocía el secreto de tu nombre, oscureció la sabiduría eterna de tu cuerpo. Más tarde reconoció que para aliviar la sed era necesario atravesar la carne.

Vivimos la ineluctable soledad de este ensimismado cielo.

La carne no es triste. Yo he matado la carne, la he dejado secar por temor a traicionar mi promesa. Eran las tres de la tarde cuando exhalaste ese último hálito. Yo quería expresarte mi dolor. Quería decirte que no importa que te hayas alejado, absorto en la colina. Aún tengo el recuerdo de la nieve, los pájaros en el alféizar, el canto del ruiseñor esa mañana de sangre. El poema no exige desnudarse de ropas. Lo que el poema me pide es que mi voz se hunda en tu voz y escuche la blancura del asfódelo. El poema me pide que escuche lo que tú temes decir.

Señor: inclina tu rostro hacia la Palabra.

Cada tarde regreso a tu cuerpo y siento una enorme aflicción al mirarte sostenido del madero por ese clavo ardiente. Noches y días esperas que alguien lo desprenda de tu carne y lave tu sangre seca. Pero, nacida como soy, carezco de la fuerza para ascender a tu reino, ese reino tuyo, vislumbrado y nunca alcanzado. Yo no puedo con el peso de tu cruz: en mi corazón no ha nacido la rosa que, al desencadenarse el estruendo del mundo, llague tu cuerpo de misericordia.

Eras el instante suspendido de nada, el pájaro bengalí en el ramaje de la medianoche. No había camino ni habla en tu cuerpo. Eras cada pistilo insomne de la flor, y en sus bordes la bruma. En el atardecer tu canto resonaba contra las rocas cristalinas. Te miraba desde la arena anhelando que pudieras estrecharme. Soy la herida doliente de Memling. ¿Qué silencia la belleza? ¿Qué lumbre solitaria arde en tus ojos? Las ovejas se arrimaron al abismo. Se precipitaron desde la cumbre. El mar era un manojo de ovejas. Nadie cedió por ellas un último gemido. Cuán poco comprendimos su dolor.

Si he vivido atravesada de silencio, ¿por qué no logro salir de esta llaga?

Aprendí a beber mi propia sed. Aprendí que para soñar tu rostro es necesario negarme en el amor. Así me hice una contigo, así arrastré mis pies por el desierto, ese desierto que tú habías sembrado de espinas para probar que el amor es así: un caminar ciego sin pedir nada. Entonces opté por callar, por devorar los mil demonios de mis miedos, acepté que tan sólo era una ancila de tu reino. Viví sin vivir, amé sin amar, me negué buscando aquella rama desnuda donde descansar mi avergonzado cuerpo.

Un viento en llamas arrasó la frágil hierba, mil pétalos mancharon mis pies. Después, la lluvia. No fue la oscuridad lo que me hizo perderme en el regazo de tu madre; yo sentía pena, sentía mucha vergüenza de pedir a María que cargara con mi cuerpo cuando su seno estaba ya ocupado por el tuyo.

Tú sabes lo que es amar y dejarlo todo por una causa justa, tú sabes lo que es estar enfermo de miedo donde nadie sabe oír, ni siquiera la ola que interrumpe la anteluz de la dársena. Pero ¿podrías saber lo que es estar enfermo de abandono desde esa cruz que ignora los lamentos de este infierno? Sin embargo, yo te sigo amando y te digo que no importa si tardas en bajar: aquí estaré sentada, afuera, en la banca de tu iglesia, petrificada por la fe.

Si me hubiese desesperado de tanto hablar, si me hubiese cansado de repetir el mismo dolor que paraliza y confunde, si yo me hubiese perdido en los gritos de aquellas muñecas blancas asomando desde la habitación... Pude intuir que en esos gritos estaba también el de cada mujer que, como yo, espera tu regreso y así cantar como espigas libres que tú estás en los cielos para escucharnos y que habías ido al Sinaí buscando comprender las leyes de Dios.

Has venido a curar el espanto en el cáliz de las violetas vulneradas.

De Cuerpo de mi sangre

Arrima a un frexno el frexno, cuyo acero,
Sangre sudando, en tiempo hará breve
Purpurear la nieve [...]
LUIS DE GÓNGORA

La tristeza es anterior al hombre, es la tierra del hombre.
LUIS ROSALES

Un día el mundo se quedó en silencio.
ANTONIO GAMONEDA

El silencio era un cielo deshabitado, un dolor nacido mucho antes. Llegamos al mundo en un agua de oscuridad, sin lengua, sin fuego y a fuerza de intentar sacar las manos nacemos de pie con los ojos

abiertos a otras manos aferrando un destino. Hojas violentadas, sin horizonte la palabra perecería en el umbral. Somos resuello dilatado, ni ínsula ni arrimo, quizá curvado eslabón de bocanada en la marea.

La Nada es caléndula de intacto tallo, roces de un instante. ¿Dónde la levadura que nos aproxima al ansia de lo eterno? Cada noche sin tiza la memoria se desmorona sin oír aquella luz humillada ante el paraíso.

¿Qué hiciste, cuerpo mío, inocencia descaminada de mi sangre?
La herida habla de la dulzura confundida, habla sin ser escuchada.
La mitad de mi dolor se sabe sola, la otra palpita en el destierro.

Detente, me dijo al verme huir; duerme una noche junto a las cabras.
Algo de inocencia entenderás en el sueño profundo. Cuando te alces
por la mañana, acércate a mirar si todavía están amarradas sus patas,

si sus párpados están legañosos, su piel opaca como cáscara de melón
o como el seco jazmín de tu ventana. El insomnio se apoderó de mí.
Sentí miedo de volver a mirar. Mi espíritu había penetrado la Palabra.

Cuando llegó la noche con su torrente de bendiciones, no había nada que recordar. El cuerpo soñó una mujer de blanco hablando una lengua inocente. Y todos en la tienda enmudecimos bajo el pretil de los astros.

Voces que te hacen despertar. Sueños que te orillan a la llaga e insisten en reconciliarte con los días cuando el corazón es espina que interroga. Reposa sobre tu lecho. La savia escurre su leche en tibios labios aferrados.

Entonces eliges el lado venteado de la vida y una valla de caléndulas, ocasionales chupamirtos y bromelias, se extiende a lo largo del cerco. Intentas poner un límite, un corte en donde se entrevera la mala yerba.

La primera mirada es un prenombre que desconoces, patria de la voz. Has nacido así, tierna Babel en llamas. Después el viento, esa viveza ciega sin ver más allá del cedro en el ojo y aquel silencio tintineando.

Ante el muro te detienes a desentrañar los signos en una contemplación que hará brillar lo que no han visto aún tus ojos. El cielo negro se había trasladado a la otra orilla, región de escasa lluvia y mejillas desllorando.

En esa desgarradura una estrella habrá de oscurecer tu conocimiento ya que tu sabiduría nace de rocoso seno cuyo color jamás podrá escribirse. Es tormenta que purifica la voz cuando el atardecer atraviesa los mirlos.

La leche escurre a cuentagotas por el seno. Su blancura íntima, casi estéril, deja un dolor de inhumano gemido en la explanada: guijarros dispuestos en círculo como impacientes soles de piedra.

Ni la mano que presiona el pezón, ni los labios con olor a nardo, es la imposibilidad de asirse al pecho, succionar vida, desnudar a quien amas (¿y destruir?) las cóncavas asonancias del tiempo.

Río de eternidad, ¿cómo es tu rostro ahora? Dañaste el fondo de mi memoria, rasgaste mi velo, la rosa, la senda de la oveja, la blancura aún sin excoriar. Estoy llena de ti. ¿Qué más podría pedir?

En el espejo empieza el derrubio, la soberbia de la tormenta, ojos que deseaban brillar. Al atardecer la espuma no sentirá tus manos, ni las caricias bajo los cedros que congregan su derroche en la ladera.

Madre, tu aroma resplandece en el agua de otro mar. Busco sujetar tu belleza en la albufera. Es que eres humana, pero nadie te conoce. Tus ojos labran mi lloro en el relieve: sustancia de fuego, fe y duda.

He conocido el dolor: lo he visto brillar en los ojos del ocaso.
He visto el horizonte violeta bañarse en el marjal, vigilante.
He perseguido residuos de amor que jamás han rozado la carne.

Sobre la saliente la luz congregará el humo del alcázar.

Y en el silencio de la ciudadela los azulejos acicalan el
recuerdo de aquel jardín como una civilización que renace,
la ventana por donde mi padre me ayudaba a saltar

para juntos ver caer las piedras de granizo en el patio,
la banca alicatada con restos de loseta que revestían la
espaldera, el asiento y el faldón. Junto a aquella banca,

dos nogales inauguraban la ceremonia de la floración:
el árbol de la nuez miraba hacia el cielo. Sus frutos eran,
más un que ansia de apetito, un piadoso apego por la tierra.

Calla, Betsabé. Sólo observa en tus pies la limpidez del verdoso fondo. La cinta ambarina en tu brazo es luz desfallecida cuando tu vestido cae. ¿Querrías empezar? ¿Querrías pronunciar tu nombre una y otra vez?

He aprendido que la palabra, esa belleza extraña, no existe sin el cuerpo. ¿Hablo del cuerpo del lenguaje? Hablo de lo que mi cuerpo percibe del mundo: el silencio, la pálida plata que pertinaz refulge entre las piedras.

Hija del pan, te dijeron.
Hija del hambre,
digo yo.

En el libro escribo la sangre que un día pretendí borrar,
la estrella cuyo brillo ha oscurecido mi anhelo de azucenas,
la gracia de aquellos ojos en donde aún no me reconozco.

En su fracaso de mostrarse, he leído verdades que no me pertenecen. Ante cualquier circunstancia me sentía infiel a la tinta, al bosque dormido, al sumiso relente del sueño.

Y leemos las manchas en la piel del jaguar.
Y leemos la desmesura de un sol abrasando las bestias.
Y creemos en lo que leemos para que la mentira no sea contradicha.

Y ciega caminaste por el llano.
Y llegaste a la colina donde permanecía el ibis rosáceo.
Y no supiste reconocer los coros que en la tormenta te abrazaban.

Hay algo de mar en la muerte, un signo divino que el océano envía. Levinas dice que debemos temer de la muerte el dejar una obra inacabada. Temo la muerte que pervive a la muerte.

Nunca un escritor siente que lo ha dicho todo; sería su muerte prematura, un suicidio poético, la dislocación de las olas. Tal vez un golpe de lanza en la herida. Quiero decir con esto que el poeta nace súbdito del olvido.

¿Quién podría decirme si voy a morir de noche o de día, sentada o en pie, de la mano de mi amado o en la desnuda piedra dignamente labrada? Mi tristeza se hunde en el piélago. El aire se colma de sombras.

Desde la orilla escucho la templada superficie de la cresta, el lamento de la albufera. Reparación el agua que ahoga mis pies. Entonces el paisaje recobra su audible realidad, su universo derramado en la playa.

Acuéstate y descansa.
Larga vida tengamos para no irnos sin oír este dolor.

Amonites escoliados
(Inéditos)

Al fondo, no en plana superficie la forma del árbol. La Navidad es blanca, y no lo es por la nieve. Hay países en donde se celebra en pleno desierto. La blancura está en la gracia que en copos cae sobre la angustia del alma. El ingenio del alcor o el canto del ánade podrían fulgurar en la almendrilla, engañosos como el regalo que revestimos con los lazos de la virtud.

La raíz carda su luz, nace de su dolor el brillo. En la escritura, el dolor es un don inexorable que se ha de asumir con la fidelidad del fuego a la ceniza. Aunque los residuos de la chimenea se limpien, el brillo no borrará las ascuas. Si bien la escritura va acompañada de la muerte, el compromiso la hará resurgir luz renovada. La realidad está donde el amor está.

Lo que vemos esa única vez huye intocado. Lo mirado regresa a ese origen. A veces nos avergonzamos de revivir la misma llaga en la que otros se perderían. Esa llaga es nuestra mayor posesión, pozo de perseverantes aguas. Si acaso se secara, veríamos manar sangre, boca debatiéndose. En poesía, el dolor es homenaje a la vida.

La mirada es la patria de la voz. Y así nacemos, de una Babel en llamas. Instantes la mirada, lo demás, exilio en la escritura buscando la voz taciturna bajo el puente. ¿Cómo descifrarla si la muerte es un reposo para contemplar las flores del peral? Blancura en floración que obedece el fruto, dos rostros leyendo el océano, espuma infinita que inquiere la pureza del sargazo, tinta que salva azáleas en la escoria.

En el interior del ojo, el extravío del arte. A medida que me habla surgen dos tiempos: el presente y el futuro. Sobre un cuadro poderoso podemos decir todo lo que se nos ocurra: describir los gestos, la distancia, las intensidades de la luz. El extravío irrumpe cuando, en el ángulo superior derecho del óleo, la mitad vertical de un cuerpo sale de éste para ahogar su grito.

La peonía es la expresión fundamental del rojo. Podríamos decir que es la historia de los rojos que han marcado nuestra vida. Cuesta trabajo encontrar la flor en lo humano. Las más de las veces se la relaciona con la sangre: lo terciopelo de sus pétalos alberga los nacimientos que el amor procura. Sus pistilos son fuego y corona. ¿No son ambos pasión, calvario, orto que promete?

La luz no disgrega el follaje, se desparrama íntegra. Así la tinta en el papel. Sol que viaja de oriente a poniente, la mano se desliza, la memoria se adelanta a la boca. Bajo cualquier circunstancia, aun en la arena o la piel, todo queda inscrito en el primer y único soplo. El misterio sabe cómo nace y se refrenda. Sangre en el vino, no es la rehechura, sino lo que dictan la uva y el cáliz.

La superficie se asimila por el fondo. La forma, por el inclinarse las ramas. Es sombra lo que se desparrama bajo nuestros pies y nos sitúa próximos a la tierra. Pero ¿no es acaso la sombra una guirnalda en el suelo? Para los yakutos la sombra es una de las tres almas nuestras. Los griegos rendían culto a los muertos en el mediodía, una hora sin sombra. ¿Qué es lo que resplandece en la sombra? ¿Un fantasma, una burbuja de cielo, un demonio? Si la sombra se separa del cadáver, ¿qué queda, pues, del alma? ¿Sombra?

El amor es hielo en el fuego, dijo Keats buscando la belleza. No sabía que en su obsesión borraba el rostro de la amada. Una presurosa verdad que aniquiló su arena de quietud. El amor no reclama duras pruebas: surge con el racimo de donde brotan dolor, instantes de eternidad y su sabor a mármol.

Algo se olvida al aleteo del colibrí, algo. Mas revive con los trinos del alba. Eso que llamamos recuerdo es sólo oscuridad, flores ardiendo en su propia raíz. Merwin, ya ciego: *lo que vemos esa única vez huye intocado* —persiste en nuestra imaginación, nos marca. Un aleteo basta para dar a lo visto la certeza de su inexistencia.

Cuando amor no encuentro sé que es real que lo he tenido. De pie ante el espejo corroboro que la fisura me pertenece. La sonrisa que alumbraba mi sueño de pronto se desintegra. Así el amor, brumoso, gris, torpe, inseguro de su rumbo, extravía su noche. Desobediente al designio, sus ojos se ciegan.

Somos silencio. La palabra contradice nuestra esencia. El silencio hace hablar al silencio. ¿Acaso no es la confesión del árbol una íntima cercanía? Erróneamente creemos que toda indigencia tiene su origen en el hambre; algunas veces se trata más bien de una *indigestión* de gente, de no poder con lo humano de los humanos, una soledad que reclama más soledad, y todavía más silencio. En ocasiones se nos pregunta: ¿Cómo está tu gente? En realidad, yo no poseo gente, de lo único que podría hacerme responsable es de mis genes, no de mis gentes, pues estaría rebasando los límites de una contención que me exige adentrarme en lo que soy hasta sentir ese audaz entrenamiento de los sentidos: ese silencio que me permite encontrarme con el único silencio que me escucha.

Da a tu alma algo de que sentirse serena. ¿Y cómo hago yo si no conozco serenidad de lago desde que nadé hacia mi primera luz? Incansablemente vago por el mal de mi desierto buscando el sabor de lo que creí vida. No era más que muerte lo que salía a mi encuentro. En el libro se define el umbral de la esperanza ante la que algún día me habré de rendir.

Sabiduría, unidad de luz y llaga. Una luz entra por la llaga que el dedo toca. ¿La ves? Sigue expuesta, sin cerrarse, sobre la atenuada vibración de la hierba. La cerca de púas se encajó en tu pie, ése tu mayor y tu mejor recuerdo: la pulsión cohibida que cojeando se desplazaba a lo largo del solar.

No limpia el agua la piedra sino la visión del pez. La sal regresa al lecho marino y asienta su claridad. Nada queda entre rocas y escollos salvo la cesta agobiada de lubinas, esa pasión que hallaste en el océano concentrado en la langosta azul de la pecera. En Fray Luis: *Tierna flor del saber y de pureza / de ti yo canto agora, / que en la desierta alteza / muerta, luce tu vida y fortaleca.* Llevo en mí la presencia azul de la langosta en Altafulla, el breve tiempo para huir de sus depredadores.

Presiente la arena la agitación del cierzo. El espíritu de aquella duna era polvo diamantino que intuía desde la barca. A pesar del espejismo, los amarraderos multiplicaban el eco de los pasos, el chillido de las gaviotas cuando el océano se colmó de silencio. De pronto fuiste a la roca donde habías olvidado el reloj ya confundido entre cordajes deshechos. El desamor te arrastraba hacia un porvenir que se esfumaba, asceta.

El dolor derrubia la raíz de las cosas. Brota con las flores, crece con el césped. Y cuando de noche el cielo calla, buscas entender: perfilas sombras, el aire te dice que pronunciaste palabras innecesarias, luego se contradice y señala que podrías haber intuido alguna cosa sabia. Al final, hasta el pálpito de la piedra desconoce la injusticia de los buitres.

Donde sea que caiga la gota, la leche se enturbiará. El libro nos adentra en los personajes que no queremos ser y que, al leerlos con el corazón desnudo, perdonamos en ellos nuestras faltas.

Para estar en su dolor no había más que dolor. Tanto me preocupó acompañarla que empecé a verla entre las hojas de los laureles, en la pregunta que suscitaba su lamento. Descifrarla era debatirme bajo el sufrimiento del sufrimiento, saber si era mejor no haber nacido. No la pude acompañar por camino seguro pues en ella todo era muerte inacabada.

Todo guarda el ojo del pez. Desde la soledad azul del agua un nudo musical impregna el ojo. Las risas, el llanto, las caricias que resbalan por el cuerpo sellan el cuestionamiento del amor. Creemos erradamente que el amor está vinculado a la palabra. Nueve meses de escritura en el agua bastan para existir bajo el supuesto de que toda voz abreva en la narrativa del ébano. La iluminación es un camino, anterior al camino.

El camino de los astros se adelanta al alba y desde la tierra crece el vacío. Un último día la flor vertical, esa vastedad de cielo que nos mira mientras lo miramos y hace confluir, un sólo instante, las ternuras del agua. La inocencia bebe de silvestres violetas la fugacidad de las estaciones y cede su paso a los nevados brotes del peral antes de que el fruto se desnude.

Poesía, más que psiquiatría, para develar el dolor. ¿Qué más da que haya enloquecido o no? Estaba sola antes de nacer. Las guerras que atraviesan los padres retumban en el velo que envuelve al infante: son su muerte prematura. Mas de esa muerte la poesía te rescata; basta escuchar el canto para que los muertos regresen a su trono de piedra y la vida en la Palabra recobre su decoro.

Presagio: la sangre del caribú mancha la nieve. Desciende de la cima imperceptible, acaso vemos su huella. Medio círculo su cornamenta se confunde entre los ánsares que alzan el vuelo desde el lago. En su migrar, no regresan a lugares olvidados. La sangre despierta el sueño del agua, su elogio rememora la guerra que significa vivir para encontrar tu nombre que, al final, la muerte borrará como el río borra su ribera.

El erotismo es dolor de carne trascendido. La palabra habitada por el poeta nunca acaba de ajustarse. Fruto en la rama, teme la helada cuando injusta se avecina. Y persiste en su sed escuchando el bramido de la oveja, el quejido del hollín, la rota estructura densa del hielo, la lascivia del musgo escurridizo del fresno desde donde el pájaro dorado contempla la altura blanca del monte.

De La rosa blanca de Duma (Fragmento)

Capítulo 1
Tu rostro

La bahía despliega su cola de pavo real y sella su iridiscencia contra el cielo luminoso de Joünié. Su centro cobalto deslía vetas que van del plata al verdegrís, para luego retroceder en hilvanados vórtices hialinos. Frente a mi ventana veo ascender el teleférico atiborrado de feligreses que vienen a cumplir su promesa de visitar a Nuestra Señora del Líbano cuyos brazos enmarcan su rostro iluminado por el resplandor del bronce. Las plegarias se funden con la música de mi escritura. Me ha acompañado desde el inicio sin yo darme cuenta. La luz de la alborada baña la cima del alcor desde donde desciende hasta bañar mis pensamientos que ahora comienzan a abrirse a la idea de una inquebrantable mirada sobre las maneras del agua. Es momento de esculpir tu rostro.

En la orilla persiste el canto de esta tierra que tuvieron que dejar mis abuelos e iniciar su peregrinación a América. Entraron en una penumbra anterior a la madre, recinto acuoso, remanso hacia los ojos deseados. Algo muy dentro me golpea, duro como un fósil, es algo que estalla en el oleaje y regresa doliente al reino que tantos migrantes dejaron. No puedo nombrar mi dolor en esta lengua, ni expresar mi hambre, ni dirigirme al camarero del bar, ni solicitar un cuarto de hotel, ni hablar con el propietario de una casa. No, tampoco sabría preguntar al transeúnte si acaso conoce a alguien que lleve mi apellido, Ayub. Mis abuelos salieron de este puerto tan sólo con su lengua. A través de una agencia he llegado al hotel Vendôme. Dos chicos me reciben con preguntas en árabe que soy incapaz de responder. Nunca me había cuestionado qué significaría morir en otra lengua o cómo sería dejar este mundo sin que nadie pudiese entender una sola expresión ni tú entender lo que alguien más te dice; hablo de decir que has amado, que has aborrecido, que has deseado escribir, precisamente en esta lengua, tu última voluntad.

Hay algo que era mío y que he perdido, algo que me pertenece sólo si lo nombro en lengua árabe. Por esa lengua me he internado en grandes espacios sin recorrerlos. Los he sentido, amado, palpado. Un vacío infinito solloza en la bahía. Sigo fielmente el cordón de espuma: la última ola se pliega y despliega en el crepúsculo. Sigo su curso hasta romperse. Pisadas se borran, el resoplido del oleaje me hace sentir desnudamente libre. Libre y a la vez sola. ¿En dónde estás ahora? ¿Qué humo diluyó tu vientre? ¿Qué puerto te requirió? Te pienso y te quiero detener. Emerges gota en el vasto océano. Tengo miedo de que mi resuello te espante. Cada frase aguarda un dolor abierto al anterior, almíbar en ciega nervadura. Jabès dice que en lo ilegible habita la transparencia. En la luz de Joünié mis manos se apenumbran. ¿Quién dice que nacer no es la muerte?

La escritura

La escritura es invisible.
Eso
que ves en la página
tan sólo es tinta,
espina
blanqueada por el sol.

Toma la forma del pez
si el canto
es
signo
o
fondo de arteria
dilatada.

Nada
en oscura superficie:
derrubia vertientes en la precipitación
de los escombros foliados del desierto.

Fruto indehiscente,
su rostro te arrastrará sin nunca desvelar tu sino.

La tinta atrapa cangrejos para regresarlos al mar
y aunque retornes a la espina, no verás más el sol radiante.

Lo invisible aletea en lo cristalino, se hunde,
repara toda vida fuera de la vida.

¿En dónde estabas tú al oscurecerse la más alta marea? La palabra relumbra en lo que no ves, jadeante reposo de incandescencias. Disputa en el ojo, habla desde la húmeda rojez del cielo cuando lo divino nos destierra a donde llora el mundo.

Navegaré hacia ti. Eres todas las edades de la lengua. Podría haber elegido la muerte, pero opté por el orto y su desacato. Viví para alcanzarte y obtener de ti ese primer aserto. Caí en la cuenta de que te pedía serlo todo: leche, falúa, acíbar.

Fui ciega ante tu altura. Eras lo que leías. Y leías todo lo que expresara gravedad. Eras mi alfabeto, la abdicación de mi fin. Yo te miraba esperando que esculpieras mi rostro, mas tu verdad interpelaba al espejo.

No caíste en la tentación de decir lo que hemos de callar. Tus pantuflas recorren mi corazón, y cae la nieve. Te ruego: no arranques tu ternura de mi piel hasta que hayas pulsado la última nata de mi nombre.

Hablamos sin darnos cuenta.
Tu eternidad
pervive en las laderas.
Tus manos envuelven mi extravío
en este océano que aún arde.

Bruñías tu conciencia como el cuerpo al que se sumerge en la pileta para acrisolar el nombre. Diseminabas el aura de tu risa contra el aliento de la castaña, frío como las plantas de tus pies al posarse sobre las losetas. Mis ojos se habituaron a tus pasos del modo en que la mano se habitúa al bolígrafo. Tus pasos eran tentativas de mostrarte, pero se consumían en las oscuridades del zaguán por donde aparecías para luego desaparecer con la bruma. Ibas hacia ese lugar que te aterraba y por el que querrías regresar bordeando el arrecife donde, sentada, te esperaba la muerte. Cómo olvidar las llagas revestidas con vendas de lidocaína y supradol. Todo lo que sucedía en tu interno mar quedaba fuera de nuestro alcance. En cambio, arropabas de amor la casa sellando cada objeto con tu estrella. Siempre persistirás. A pesar de que tu viaje de ida y vuelta se realizara hacia un mismo cadalso, cada piedra ha de hablar su propio porvenir. Llevaste tu melancolía con la altura del ciprés. Tus huellas de deshilada red aún hilvanan el borde negro de mis soberbias.

***

Nacer semilla. Nenúfar a la deriva en un mismo río: Beirut, Chihuahua, Monterrey.

Tu voz es nido que en la adversidad discurre. ¿Desconfiabas del granizo que un día habría de calcinar tu raíz? No hay senda segura para la mariposa. Cada ala ha de amamantar su destino. Yo dejé de soñarte. Pretérita luz, sin decirlo nos dimos cuenta de cuán frágil era nuestra fragilidad. Eres rescoldo de aquel mercurio adherido a mis venas.

La conversación nunca fue nuestro fuerte. Solías dar tu mirada a mi padre, tu dios. Tu hermana Silvia te lo señaló en tono de reclamo. Pero eras feliz con mirarlo así. Necesitabas de esa figura y él de la tuya. Él, atento cuidador de esa niña asustadiza, ojos fijos en el hombre a quien conociste en el trabajo, al que mimaste y veneraste hasta el final. *De miedo perece el asustadizo, de rebeldía el rebelde.* ¿Es que nuestra piel carece de lenguaje?

—Shhhh —solías silenciarnos cuando mi padre hacía oír su voz durante las comidas los domingos en la Mina 1004. Era un gesto de protección y, a la vez, una forma de arrullarlo en el mundo. Él era quien opinaba, y quien lo hacía con legitimidad. Sin darte cuenta anulaste tu respiración. Me tomó años entenderlo.

Cuando me casé, tu hermana Silvia me dijo:

—Tu madre guardaba entera su quincena en el pequeño cajón del armario blanco de la cocina para que las hermanas tomáramos de allí lo necesario.

Eras generosa con mi padre, tus hermanas, tus hijas. ¿Y tú?, ¿por qué te costaba tanto ver por ti? ¿Por qué tus ojos se cerraron bajo el entallo del cedro? Te veía desplomarte en tus pensamientos durante la sobremesa. No con anhelo de reposo. No, tú no eras así. Mirabas hacia fuera desde el amanecer que sobre el cobertor grababa una partición tajante entre los rombos color magenta y la polvosa resolana. A pesar de las sombras de los sicomoros y del viento que soplaba a eso de las diez contra la ráfaga del tren en los andenes, tu cuerpo seguía impávido sobre esa mitad exangüe de oscuridad sin yo saber qué te sucedía ni hacia dónde encaminabas tu tormento. Un día adivinaré cuál dársena ahogó tu deseo, cuál mar sacrificaste en tu sed. Temía que murieras como Calcas, adivino de Troya, pues morir por ahogo es morir de angustia. La asfixia de tu cuerpo me atravesaba cada mañana, cada tarde, cada noche al pasar frente a tu cama para preguntarte algo que no podías responder: tubos en el dorso de tus manos, tubo en tu garganta, por tus fosas nasales, por la boca de tu estómago, tubos por las vías urinarias, tubos ramificados sobre tus sábanas. ¿Sentías que librabas una guerra? Yo sólo deseaba mostrarte la raíz del río. Y, junto a tu cama, el respirador.

En tus ojos asomaba no sé qué tristeza que ocasionalmente dejabas trasver en la forma de tachar con una cruz el día transcurrido sobre el almanaque colgado en la pared de la cocina. Raras ocasiones anotabas alguna actividad para una fecha determinada salvo los jueves en que, con letra minúscula, escribías: «cena rotarios», que terminó por transformarse en comida para que los señores no anduvieran en la calle después de las diez de la noche. Tú y ese grupo de mujeres lucharon para obtener el derecho a la verdad y a la honestidad. Supiste decirle con serenidad y perspicacia que salir tarde no era bueno para él.

No recuerdo una sola escena de celos en mis años de adolescencia. Algo había en ti que lo alentaba a ser feliz. Algo, no sé qué era, o si formaba parte de tu generosidad. Lo animabas a que bailara con otras señoras en las tertulias. ¿Pensabas que tú no eras capaz de darle alegría? ¿O es que animarlo a disfrutar con otras mujeres era parte de tu altura?

—¡Juanito divino! —suspiraba estrepitosa Jenny cuando entrábamos a Franklin's. Tu prima Margarita era la gerente firme y cordial; Jenny, la vendedora, se abalanzaba hacia sus brazos dando saltitos por lo ajustado del vestido negro recto que se veía aún más justo por la faja que la vi subirse con dificultad aquella vez que coincidimos en el tocador. Al terminar con la faena, se aproximó al espejo, repasó el delineador rojo en sus labios, agitó su cabello rizado, logrando que un cairel cayera sobre el cristal derecho de sus gafas enmarcadas en plateado. Mujeres que se alegraban y conformaban si se les confería un gesto de aprobación, con ser estrechadas de modo caluroso, siempre que el abrazo quedara exento de cualquier insinuación o intento de sacar provecho del momento, ni de un lado ni del otro. Era una libido espiritual, un apagado empujón sexual que se lograba con el puro roce de esos ojos que las encumbraban con un velado deseo. Mujeres que llegaban a casa a tenderse sobre la cama pensando en que tal vez podría llegar a su vida un hombre que las mirara con el mismo deseo, por siempre.

Seguramente la tía Margarita exigía a las vendedoras presentarse impecables por las mañanas. Quizá también sugería que llevaran atuendos ajustados. Jenny poseía la esencia de una mujer llena de vida, algo que podías advertir por el modo de deslizar sus pies dentro de las sandalias charol negro destalonadas, tacón delgado y un fino lazo negro que cubría sólo parte del empeine dejando traslucir sus uñas esmaltadas en rojo. Pasábamos media mañana probándonos los vestidos que la tía Margarita tenía apartados en el rack de rebajas de fin de temporada.

—Vengan, mis niñas, a probarse lo que les tengo separado en oferta a $6.90.

Cuando llegábamos a Franklin's, Jenny y mi tía Margarita parecían renacer. Tú en cambio te sentabas junto a los probadores mientras Olga y yo intercambiábamos una tras otra las prendas en descuento. El bullicio se extendía entre risas y abrazos de las vendedoras hasta el final del pasillo. Un viso sereno en tus ojos se distanciaba de la algarabía que nosotras parecíamos desoír porque tú estabas cerca, mirando y aprobando lo que elegíamos bajo una aquiescencia que nos prodigabas y que aún atempera el espejo en el que nos miramos antes de salir. Tu figura inclinada sobre la silla color pajizo se reflejaba frente a los escaparates de los almacenes mezclándose entre las sombras de los transeúntes en el fondo. Esta figura tuya era distinta a la que se postraba inmóvil en el sillón pálido de tu cuarto, sin posibilidad alguna de agacharte para atar las cintas de tus choclos marrón.

Al salir de la tienda pasábamos a comprar un helado en «21 FLAVORS». No podías entender por qué yo elegía vainilla entre tantos sabores y colores que relucían en los tazones alineados a lo largo de la vitrina refrigerada.

Era difícil para mí explicarte en esos años que se trataba de la manera en que la esencia del helado se adhiere al paladar. El perfume de la vainilla semeja el aroma del rostro que se arrima para besarte en la mejilla y en ese instante percibes la misma fragancia que tú usabas o tu crema o tu acondicionador de cabello, roce que te lanza a la primera inmersión en el vientre del que difícilmente podrás escapar algún día. El color verde oscuro en las hojas etéreas dc la planifolia cuando sus puntas rozan la tierra en un intento de arraigarse.

—Comiste muy poco —solías decirme luego de escudriñar mi plato. Te ponías de pie, recogías los trastos, abrías la llave del agua hirviendo del fregadero para que todo se remojara bien y nada de alimento se adhiriera a la porcelana. Me costaba trabajo asumir que nada debía pegarse a los platos, nada. En mí permanece esa sensación de limpieza, ese lustre que imantaba la cocina y jamás nos atrevíamos a tocar. En el fregadero se acumulaba el vapor que empañaba los cristales de la ventana encubriendo las rosas trepadoras. Oculta, oculta tú entre esa bruma te buscaba. Algo dentro de mí se estremecía cuando las rosas se tornaban color sangre y me aproximaban al miedo de tus ojos, algunas veces cerrados, otras, desorbitados por el espanto. El agua hirviendo se aferraba al coladero y el vapor flotaba hasta el techo de alicatados azulejos que por la tarde dejaban escurrir, gota a gota, su humedad.

Después tallabas la porcelana, el cristal, el acero inoxidable con fuerza de torbellino arrasando cada recodo de la casa. Mi padre te rogaba que regresaras a la mesa. Tú no podías. Te ponías de pie y recogías vasijas, vasos, sartenes y cubiertos. Los apilabas en la cómoda forrada con fórmica, todo con prisa. ¿Qué inescrutable desasosiego te sacudía? ¿Qué velaba tu angustia que a nadie dejabas escuchar? Cuando percibías mi silencio empezabas a caminar presurosa. Mi voz comenzaba a cerrarse como ostra adherida a la piedra, a otras voces queriendo decir lo que nadie, nunca, escuchará.

Tú, ¿qué silencio oías? ¿Qué significaba para ti, en tu mundo, mi no hablar? Tú sabías pulir la piedra, pero no el lamento del pez. Estábamos tan cerca una de la otra que se anulaba toda perspectiva. Yo buscaba un recogimiento. No te dabas cuenta de que yo no estaba triste, que era sólo una niña callada deseando acertar. Seguramente le preguntabas a Dios en tus rezos: ¿Qué devoción debo tener para llegar a sus manos, su fuego, sus pies que no distinguen ruta segura? Querías que caminara erguida, con porte, pero yo miraba siempre hacia el suelo para no distraer mi interior... ¿Cómo se puede distraer la atención, me pregunto ahora, si lo que se busca expresar vive enclaustrado en el caracol? ¿Quién puede abrirlo? No se trata de entrar sino de hallar la tersura de la manivela. Una puerta puede abrirse hacia delante o hacia atrás; otra, se estira; otra más, se quiebra ante el arcano.

Bronce que palidece y deslía el flamígero ramaje del véspero: veta de ondulaciones extraviadas ante la imprecisión.

Yo no tenía necesidad de un manual. Necesitaba un trozo de hielo para apaciguar los fuegos que, encendidos en mis labios, trasgredían la cadena familiar. Mi eslabón estaba en otra parte. Una mitad mía se rehacía en la arena; la otra, se arremolinaba en los balcones de Elizabeth Bishop al caer el sol. Las espinas grandes y encorvadas de las rosas les permitían adherirse a la tela de alambre de la verja y sostenerse ante tal vacilación. Yo, en cambio, encendía una veladora en el pasillo de recámaras. Era mi pequeño fuego, como quien espera un milagro más íntimo, no la multiplicación de los panes. Virginia Woolf dice que al leer nos escindimos: una mitad permanece dentro disolviendo el ego; la otra se torna promesa de unión perpetua con otra mente.

Una mente poderosa ha de vivir, conocer el habla del lugar, enfrentar su tiempo, encontrar a los seres humanos que compartan su momento, pensar la guerra, descubrir lo que habrá de bastarle. A estas ideas que Wallace Stevens vierte en uno de sus poemas más hondos le siguen estos versos:

> He de edificar un escenario nuevo, estar sobre el escenario
> y, tal actor insaciable, lentamente y
> meditando, decir palabras que, en el oído,
> el oído más atento de la mente, repitan
> con exactitud lo que quiere oír, cuyo
> sonido un auditorio invisible escucha,
> no la interpretación, sino a sí mismo, expresado en una
> emoción compartida por dos,
> dos emociones que se hacen una.

Éste, el fin de la poesía. El poeta no establece vínculos familiosos. No los procura. La cercanía la lee en otros ojos, en el silencio de otras voces. Hace de ellas balaustres incrustados en el fondo. Prefiere los pájaros a las flores. Vuela solo, deja el nido, crea nuevos escenarios donde meditar y surja así su cántico.

Su espacio es raíz de agua que ha atravesado océanos, presenciado guerras, triunfado sobre la tormenta. En el remo está su genio. Se desviste lentamente bajo el cielo. Elige ser invisible ante el mundo. Vive para permanecer en un paraíso donde una voz lo lance de nuevo a la media luz.

Yo quería tener la altura de la estrella que mi padre me mostraba de niña: apoyada en el trípode del telescopio, la cercanía de su cuerpo detrás del mío sosteniendo el buscador, sus manos entre mis cabellos, sus ojos ayudándome a descubrir por el ocular un punto del firmamento —Venus o Saturno— ese instante de luz que no cesa de alumbrar. La luz, en tanto ausencia, era necesaria. De esa ausencia nació el vacío que ahora nombro, no desde la extrañeza, sino desde la otra mitad mía que se perpetúa promesa innombrada. Dice Woolf: la mitad de nosotras se hace una con la cosa, sea nieve, mirlo, idea. Al encontrarla en el gran depósito del vacío, vida y muerte nos sorprenden en un sólo trino. W.S. Merwin llama a este acto creador «presente compañía».

Leer se torna destino cotidiano; el libro, educación. Esto significa que la humanidad puede leer un mismo libro ya que una mitad nuestra entra en lo sensible de otra mente. No existe refugio para quien espera una imagen de sí sin haber interpelado otras almas unidas a esa parte suya que aguarda desde el escenario a la audiencia invisible. La «ausencia» deja de serlo al abrirse a otra voz, espacio en la Nada, cardumen de palabras.

En plena adolescencia tomé la decisión de decirle al mundo que era recogida. No me importaba estar a la altura de la sociedad. Viví varios años bajo el supuesto de que no había nacido en esa casa, que no tenía esos padres, que no pertenecía a esa familia. Puedes leer este fragmento y creer que se trata de una actitud infantil o de una incapacidad para formar parte de la realidad que había elegido. Atrás quedaron los tiempos en los que el desasosiego era considerado una patología. La angustia es el deseo de nombrar la desnudez. Sales de tu cuerpo, sales de tu mente, sales de tu casa. Lo que no puedes dejar atrás es tu yo preverbal: tu lengua. El *yo* no sabe. El Ser mira desde el techo el cuerpo en perspectiva: asigna un nombre a la tristeza, a la soledad, a la ira. Y la ira tiene más relación con el dolor que con la cólera.

La palabra *cólera*, préstamo del siglo XIII del latín *cholera* (bilis), procede del griego χολέρα, *kholéra* (bilis). En español puede ser masculina o femenina. **Masculina**: enfermedad infecciosa y grave producida por cierta bacteria causando vómitos y diarrea. **Femenina**: sentimiento de enojo muy grande y violento. Sin embargo, *cólera* no es sólo enfermedad o sentimiento, se denomina de esta manera al nódulo del que se desprenden miasmas, no debido a una falta de asepsia, sino a un desgaste en el amor. La cólera se inocula en una sociedad cuando sus habitantes no hallan un sentido a su vida. Su antídoto es un amor que nace del perdón, esa otra mirada que procura el salto de la angustia a la compasión.

No se puede pensar con altura si se destruye un alma humana. Mi madre sí tenía altura, pero no sabía convivir con una poeta. Un dolor muy grande nos unía. Yo precisaba de la poesía para cicatrizar mi orfandad. La madre de mi madre... ¿qué había sentido aquella niña con apenas nueve años al ser depositada en un trasatlántico de Beirut a Veracruz? ¿Zarpó María de este puerto en Joünié?

La década final del XIX había sido decisiva para el desarrollo de México como consecuencia de las oleadas de inmigrantes que entraron por Veracruz, Progreso, Mazatlán y Salina Cruz. Recuerdo a mi padre hablándome, su mente fija en la carretera sin soltar el volante, del tendido ferroviario en Chihuahua y de lo que había significado la incorporación de la empresa Kansas City Mexico & Oriente. Señalaba con detenimiento todo aquello que implicara desarrollo, fuera ingenieril, técnico, humano y, en ese avance, por minúsculo que pareciera, se hacía patente la manifestación de su carácter. No inspeccionaba el interior de una cámara con aire de sospecha, ni se agachaba a ver el interior del aljibe por temor a que se derramara el agua. Eran sus rasgos de niño lo que me permitía acercarme a él, confiar en su sentido de, diría, una lógica superior que trasciende lo cotidiano. Tenía gran fe en los actos individuales, por lo que la contemplación se transformó en su sino.

Debo de haber tenido seis años cuando un domingo por la mañana nos subió a mi hermana y a mí en su Dodge verde para ir a ver aviones. Al llegar al hangar donde hospedaban las avionetas, descendió del coche con paso seguro y pidió al piloto nos mostrara el interior de la cabina. Mi hermana y yo mirábamos todo desde el asiento trasero con la impaciencia del dios frente a la indecisión. Nos transmitía su asombro al subirnos a ese artefacto, escuchar hablar sobre el taxeo, las pistas, Alfa Eco Kilo, el freno de parqueo... Este tipo de actividades le apasionaban, quería educar nuestra imaginación. El aeropuerto estaba ubicado en un terreno cercano a la casa de San Felipe; era el baldío en donde mantenían bajo resguardo las avionetas no comerciales y otras más que se utilizaban en agricultura, las más de las veces para fumigar los sembradíos. Nada me era ajeno en su actuar. Esos pequeños actos sagrados de los domingos nos colmaban de rumbo.

Además de los cambios de nuestro tiempo, la estela blanca del jet, la TV a color, las tribus en Nigeria: Ibos, Yoruba, Hausa-fulani disputándose el poder, aún puedo recordar cómo sembraba un aura de conversación que mantuvo hasta su muerte. Tuve que idear un modelo de asociación. Por ejemplo, Michiko Shōda, la mujer que unió su vida a Akihito, príncipe de Japón, en 1959. Para recordar el nombre de esta mujer de ascendencia cristiana egresada de Harvard y Oxford que había hecho tambalear el sintoísmo y la corte del crisantemo, yo lo asociaba con la frase «mi chico quiere una choda». En el Instituto Femenino de Chihuahua, en donde cursé la primaria y la secundaria, la noticia fue trascendente, no por la posición de la realeza, sino por el lugar que adquiriría el catolicismo en el Lejano Oriente. Qué lugar ocupan el amor y el odio en esos territorios desde entonces, me pregunto.

Mi padre no pedía grandes cosas. Sí que leyéramos con atención los porcentajes en el crecimiento o el descenso de la población de las tribus, la raíz de sus disputas, información que obtenía de revistas y periódicos locales y nacionales como *Impacto,* y que con firmeza y credibilidad nos leía en la sobremesa. Su esencia no era distinta a la de cualquier otro mortal: ensillar un caballo, descubrir en el telescopio los anillos de Saturno, ver caer el granizo durante el invierno, captar la señal de un canal a color transmitido por la televisión de Estados Unidos, pulsar algunos acordes en su guitarra... Tampoco exigía mucho de los demás. Quizás era un hombre satisfecho con la vida. Y una parte fundamental de su vida consistía en aprender y educar. Presenció el desarrollo de Chihuahua, y, con éste, el arribo de variadas comunidades que se instalaron en la región con el fin de formar un nuevo hogar.

Las familias francesas e italianas crecieron con vigor. Con todas ellas mantenía una relación por el negocio de autopartes, Centro Automotriz, S. A., creada junto con Fernando, su hermano, y de la que guardo imágenes desde que era pequeña. Cada uno de los dos ejercía su forma de ver y enfrentar los problemas, tratar al personal, negociar, sonreír, saludar, mirar por el futuro de sus respectivas familias. Tal equilibrio les permitió crear una sólida sociedad duradera. Para mi padre lo esencial era enviarnos a estudiar fuera a mi hermana y a mí. Nos procuró la educación que él no tuvo y nos lanzó al mundo. Nos educó en libertad, asombro y un genuino interés por temas cruciales. Me resulta inquietante recordarlo decir: —Nunca hubiera sabido educar a dos hombres, mientras seguía conduciendo pensativo como si algo en él tuviese la certeza de que ser padre de dos hijas le procuraba la serenidad que despliegan los moradores del desierto: beben poca agua, hablan poco, avanzan, meditan. ¿Qué esperaba Juan Lozano Névraumont de nosotras dos? Nunca lo dijo, salvo proveernos de la misma educación a la que tenían acceso los varones. Más aún, nos mostró los caminos para valernos por nosotras mismas. De pronto, abría el cofre del auto para mostrarnos la ingeniería del motor, el cigüeñal, la banda del radiador, la banda del aire acondicionado, en dónde medir el agua de la batería, el aceite de la trasmisión... También nos enseñó a cambiar los neumáticos. Dejó bajo nuestra responsabilidad el presupuesto mensual de la casa. Era una forma de darnos eso que nadie te puede arrebatar. Aún me pregunto por qué afirmaba no haber sido capaz de educar a dos hijos varones. ¿Es que hay reglas distinguibles, asequibles a la razón, derivadas de la ley para educar a hombre o mujer? Y si las hay, ¿quién las impone?

***

En marzo de 1861, tropas de España, Inglaterra y Francia desembarcaron en el puerto de Veracruz, lo que detonó la Guerra de Intervención. Ingleses y españoles aceptaron trasladar sus reclamaciones vía diplomática, mientras que los franceses se embarcaron, con Napoleón III, bajo el deseo de crear un imperio subalterno. En diciembre de ese mismo año se suspendieron las garantías individuales y se proveyó a los gobernadores con las facultades para alistar fuerzas y procurarse cuanto arbitrio y medio estuviesen a su alcance con el fin de enfrentar las necesidades de la guerra. En Chihuahua, el coronel Luis Terrazas consolidará un largo cacicazgo político y económico que se prolongaría hasta 1911, al ser derrocado por la Revolución. Sin embargo, habría de resurgir a través de las grandes extensiones que, posterior a la Revolución, lograron recuperarse. Décadas antes, durante la Batalla de Puebla, el ejército expedicionario francés sufrió una derrota. Chihuahua había enviado a hombres solteros para conformar un contingente militar liderado por Terrazas. Desde ese entonces, los soldados empezaron a interesarse por permanecer en esas tierras fértiles, llanos extensos, en donde eligieron asentarse.

A partir de mis once años mi padre comenzó a llevarnos a mi hermana y a mí a Centro Automotriz durante los veranos. Nuestra oficina temporal se localizaba en el área de Kárdex.

Nuestra tarea consistía en registrar entradas y salidas de los productos en el inventario: hojas, sobres, clips, tornillos... Me gustaba esa disciplina, sentir que en algo podía participar del mundo de los mayores. El surgimiento de la economía y el comercio posteriores a la Guerra estimuló en mi padre un genuino interés por las distintas culturas que llegaron al estado de Chihuahua. Quizá por eso eligió como compañera de vida a una libanesa.

Durante los años posteriores a la Segunda Guerra escaseaban las autopartes en México, por lo que mi padre viajaba con regular frecuencia a El Paso, Texas, a surtir las refacciones específicas para los autos importados. Una vez al mes recorríamos el trayecto de Chihuahua a El Paso por carretera, tramos esenciales de mi niñez y adolescencia donde quedarían sembradas las semillas del asombro, los paisajes, ya fuera la nieve en Ruidoso o el desierto en Samalayuca. Al entrar en la recta final de la carretera sabíamos que pronto llegaríamos a nuestro destino. Lo más hermoso era bajar del auto y deslizarnos por las dunas, tan suaves como el seno de la madre. Un desierto justo en la orilla del camino, un paraíso sahariano contra el rosado cielo se abría a nuestro encuentro.

Si tienes altura para escribir poesía, deberás mostrarla al hablar de tus padres. Sucede que mi madre no era capaz de preguntarme: ¿en qué piensas? o ¿te gusta la poesía de Manuel Acuña? o ¿se te hizo difícil memorizar el poema que te asignó doña Chanita? Cuestiones tan simples cuyas respuestas habrían podido despejar sus miedos. En vez de eso, por las tardes se encerraba en su cuarto para llamar a su concuñada, Alicia, con quien había establecido una amistad aliviadora. Mi tía, una mujer vital, llena de intereses, aquietaba sus temores. Tomaba clases de alemán, confeccionaba muñecas de porcelana, tenía licencia de piloto, inclusive. Ella le decía dónde debíamos estudiar su hija Mackie y yo, por qué razón era mejor el Este de Estados Unidos. Mi madre lo acataba sin cuestionamientos debido a la inteligencia que le atribuía, algo que ella poseía y que supo ver tan sólo en los demás.

El exilio, la expulsión... Me pregunto qué sucedió en verdad con la familia Ayub. Mujeres brillantes, trabajadoras, queridas... No. No fue el exilio. Tampoco la expulsión de los árabes del territorio chihuahuense por las tropas de Pancho Villa. De haber sido afectada por tales sucesos, mi madre no habría sido contratada por Comisionistas de Chihuahua, en donde conoció a mi padre. ¿Qué ocurrió con ella, con su espíritu, sus sueños? Se había educado en Loretto Academy de El Paso. Hace unos meses una amiga me mostró el plan de estudios de las alumnas internas. Era excepcional. Leí también los programas de mano de los conciertos, óperas, teatro y demás actividades. Sorprenderían a cualquiera en esta época. Mi madre recibió una formación amplia y rigurosa. La escuché recitar íntegro el soliloquio de Hamlet, citar de memoria a Gibran, Coleridge, Kipling... Poseía la capacidad para salir adelante sola y sin titubeos. Sin embargo, punzaba en ella algo más allá del daño que ocasionan los exilios. Al contraer matrimonio dejó de trabajar, dejó de conducir, dejó de ser autosuficiente. Pasaba las tardes detrás de aquella puerta de cedro.

Cuando mi madre murió, me senté a hablar con mi padre.

—¿Qué pasaba con mamá?

—Padecía depresiones.

En su respuesta había un tono de ingenuidad debido a su natural tendencia a encubrir los secretos de la casa. Lo hacía para protegerla. Se la llevaba de viaje si esto sucedía. Metía en el maletero del coche tostadora de pan, waflera, extractor de jugos, pijamas, pantuflas, dos o tres vestidos sueltos por si se le inflamaba el abdomen. Cargaba incluso con sartenes. Me lo dijo un primo que los acompañó en varias ocasiones. Temprano por la mañana salían de Chihuahua en el Dodge verde rumbo a Puerto Vallarta, un viaje que, según mi padre, aliviaría su profunda depresión. La madre, el mar, ese eterno mecerse, oscilación entre ver y no ver el sufrimiento que la paralizaba sin jamás poder hablarlo. En el pecho madura el tiempo, dice Adonis.

Hace treinta y cinco años en un viaje breve a Guadalajara me topé con mi padre. Entré en un relámpago de terror. No me asustó verlo inesperadamente. Me sorprendió encontrarme con el padre a quien nunca vi salir de casa salvo para ir al trabajo o a la comida dominical de la Mina 1004. Algo de su silencio aquel día de agosto aún retumba en mí, algo en sus ojos inmersos en el cuchillo mientras partía la carne asada. Era un gorrión cargando el enorme desasosiego del mundo. Mi padre estaba acostumbrado al cuidado: mi madre le preparaba el desayuno, la comida, la cena. Velaba para que nadie interrumpiera su siesta. ¿Por qué ahora no estaba a su lado?

—¿Qué estás haciendo? —pregunté aturdida.

—Vine a un negocio —respondió escueto.

La capacidad de negación de uno y de otra saltó como chispa de cable encendiendo la duda. Comimos y hablamos de la exposición que yo había visitado en un pequeño museo de Tlaquepaque.

—Es un coleccionista alemán interesado en México antiguo —respondí a su simulado interés por mi viaje. Preguntas que hacemos antes de ser cuestionados.

Guardé la duda por años. La negación es un mar que sube y baja. Y, como en la marea, una inmensa ola de pronto se enmaraña esparciéndolo todo por la ribera. No ignoramos cosas: permitimos que reposen en algún sitio recóndito mientras el tiempo abre esa puerta protegida bajo mil cerrojos.

Nos pasamos las salsas picantes, compartimos el queso flameado y, al final, pidió leche quemada, su postre favorito. Yo lo miraba de arriba abajo: zapatos de charol azul claro asomados por el bajo de su pantalón, calcetines ajustables a juego con los bordes de su guayabera color rosa. Era un día bochornoso y los destellos candentes empapaban su cuerpo. Solía usar camisas de colores llamativos. Mi tía Silvia le decía en broma:

—Sólo porque eres guapo puedes ir tan mal combinado.

En Guadalajara se encuentra un centro psiquiátrico reconocido. Había permanecido en mí la duda desde ese entonces. ¿Qué estaba haciendo mi padre? ¿Había llevado a mi madre para ser internada? ¿La había llevado para aplicarle electrochoques? Durante la pandemia de COVID, que nos enfrentó a la muerte y a nuestros muertos, al salir a caminar por la tarde-noche veía el rostro de ambos en las frondas de los sicomoros. Me preguntaba por las fechas de sus despedidas llenándome de recuerdos de mi vida junto a la de ellos. Llamé a mis primas de Chihuahua para ver si sabían algo sobre aquellos viajes, o si tenían el nombre de la clínica.

—No sé en qué pensaba tu papá al llevársela —fue la respuesta de una de ellas—. Mi mamá se molestaba mucho de que lo hiciera. Ponía en riesgo a tu mamá. ¿Cómo iba a poder él solo con ella? —amplió molesta.

La prudencia tiene una doble cara. Mi padre era un hombre prudente, esto significaba que no hablaría jamás de lo que ocurría. Ni siquiera con sus hijas. Una mañana, años después de aquel misterioso encuentro, me llamó por teléfono:

—¿Qué piensa de que a su mamá le llegaran a dar electrochoques?

Una ráfaga de hojas secas pasó por mi ventana y vi astillarse el cristal.

—Ni soñarlo —respondí.

—Bien, se lo diré al médico. —Y colgó.

En esa época yo estaba viendo a la doctora Bárbara Lavonne Hibner. Me aconsejó que no lo permitiera. Traté de que mi madre la consultara en su siguiente visita a Monterrey y que le hablara sobre aquello que la consumía.

El miedo fue paralizando su cuerpo. Comenzó por el cuello, las manos, los brazos, las piernas, el rostro. Día con día sus movimientos fueron cediendo: sus pasos se ralentizaron, su escritura se tornó desgarrada mancha de garabatos. Ella, la mujer que me trajo al mundo, la mujer que me dio su lengua. No podía desentrañar su corazón.

Con la escritura tomas conciencia de la muerte, caminas hacia ella, entras en una densa masa dorada. Hablas con los muertos, visitas los panteones, recorres las tumbas, los montículos de tierra con sus inscripciones borrosas.

A pesar de que morimos antes de nacer, la parálisis de Olga Ayub, mi madre, al cabo de dieciocho meses, se tornó ineluctable paso hacia otra muerte.

—Haz algo, te pido —supliqué a su médico.

—No puedo. Está totalmente lúcida.

No se trataba de combatir la muerte sino de esperarla. Sería por asfixia. Sólo movía los ojos y, cuando me miraba, lo hacía con angustiosa desesperación. Por las noches el llanto se entrecortaba en mi garganta. Tendida sobre el cubrecama observaba el techo vencido por lánguidos pájaros agonizantes. Su templanza era mi fuego. Las flores en el papel tapiz de su cuarto empezaban a desprenderse del muro, y con ellas su nombre. La estrella de la mañana aparecía con olor a herida. El alcanfor había impregnado el chal negro.

¿Era mi aislamiento lo que aterraba a mi madre? Solía pedir a mi padre que fuera él quien hablara conmigo, sobre cualquier cosa. Siempre él quien hablara conmigo. Ella no.

—Su madre y yo hemos decidido que es mejor que se vaya a estudiar fuera, al Este, para que aprenda bien el inglés.

Asentí con un aire de sumisión que se filtró por todas las losetas de la casa. Obedeces a los padres porque los amas, porque tienen la autoridad, porque son mayores, porque —ante todo— lo han dado todo por ti. Tú eres sólo la hija. En esos años no me pude percatar de que mis padres querían alejarme de cuanto sucediera en la Mina 1004.

Fue desde entonces que adquirí el hábito de caminar con los ojos fijos en el suelo, en total inmersión. Durante mi primer año en South Bend, Indiana, mis lecturas formaron una cadena que ascendía y descendía con el filo de la Luna. Mi seguridad se fue desplazando hacia los libros, lo mismo ocurrió con mi tiempo y mi cuerpo. En esa gélida estación del año, Rumi, Shakespeare, Browning, Keats, Wordsworth, Coleridge eran barcos, urnas, mares flotando sobre mi cama. Permanecen junto a mí. Navegan el río que por la noche me traspasa.

Leer compromete la realidad. La sitúa en la sospecha, la estira, la cuestiona, la debilita hasta aniquilarla debido a que el libro procura descontento y ratifica una deseada credibilidad. Leer alivia la reclusión en la medida en que quien escribe ocupa un asiento en nuestras vidas, para siempre. No porque acompañe sino porque cada página confiere la certeza de que una mitad nuestra no nos pertenece. Se debe en gran medida al hecho de que por la lectura se da la disolución del yo: se decrea para reconstruirse con base en visiones y percepciones singularísimas. El libro te devuelve aquel paisaje de árboles que sostenía tus noches con sus marejadas.

El libro es un bosque vallado por estrellas: te salva de la tempestad y te absuelve del veneno. Desparrama su sombra bajo tus pies, desnuda la raíz donde el insecto destrama su órbita. ¿Es posible elegir el bosque? De imagen en imagen, de metáfora en metáfora, se desvanece tu rostro. Y en un bostezo de la Naturaleza, entre las distracciones de Dios, abandonas tu casa. El libro se torna espejo sin humo, espejo que, adolescentes, atravesamos como el río su sed.

Durante mis años de adolescencia me preservó mi retraimiento como al pulpo su tinta. Una mitad se me revelaba océano estrellado, la otra, abetos rojizos de cuyas frondas surgían cardenales en oleadas. Las hojas iban del rojo al oro-fuego y las aves acordaban una jácara aceitosa. Árboles-tiempo, árboles-alas, árboles-cielo. Bajo aquel vocerío aguardaba el luto del amanecer:

A los rostros que caminan en la soledad del desierto,
al Oriente revestido de hierbas y de fuego.
Paz a la tierra lavada por el mar, la paz sea con su amor...
Tu desnudez fulgurante ha conseguido el don de la lluvia,
a mis pies se rinde el trueno y en mi pecho madura el tiempo
y avanza. Ésta es mi sangre, destello del Oriente.

Leo a Adonis y tiemblo ante su sangre-arena, herida que madura con el tiempo. Nieta-hija del exilio, percibo los huecos en cada destello de mi familia: el temblor de sus manos, las arrugas de su frente, el gesto arrancado, todo lo que me hacía sentir culpa y el deseo de cumplir la promesa de transitar los pasos indelebles del desierto. Los rebrotes de mi infancia se destejían en una misma tarde de desobediencia y resignación. Una parte mía se había quedado en Chihuahua; la otra imaginaba la promesa inaugural. ¿Qué sentido tiene ahora mi viaje? A lo lejos la bahía ha cambiado de color, el brillo amaina, pardea el viso de las nubes. Hilos mi borrascosa incertidumbre. ¿Cuál de mis dos mitades morirá con la desaparición del astro?

Adonis, tu flor brotó en el Sena.

—¿Sientes miedo?

—Mucho.

—Piensa en mí cuando el miedo te asedie —me dijiste aquella noche en el bar.

Me miraste como se mira la tarde, y te abracé; en mi cabello tu voz era ánade preñando mi insomnio. Al-ma'arri brilla en tus ojos. Y, por la tarde, se disuelve el polvo. Las margaritas brillan contra el cristal, la columna, el espejo de nardos. Palpitas en lo intocable del poema, en las hojas desnudas, en mis miedos que toman tu semilla. En el cielo brillarán tus cánticos, yo morderé el fruto perplejo, besaré la monda incendiada del manzanar. Desde la ventana del hotel la ensortijada ola de Hokusai inunda ahora mi cuarto.

***

Mi voz se ha tornado quebradizo cristal, sollozo a la deriva en mar abierto. El agua aprende sus maneras. Como Adonis, huyo de mi patria en mi patria. Desciendo de una cadena extraviada en una embarcación desprovista de pernos y de amuras para zarpar y echar anclas en la inmensidad. Hice de mi lengua brújula, de mi voz remo, destello de sol sobre la dársena, agua florida en el más hondo vacío. *Sólo queda la locura.*

Apéndice: Acercamientos a la poesía de Jeannette L. Clariond

DESCENDIMIENTO DE OLGA AYUB

Gonzalo Rojas

Parca y diamantina: tiempo que no leía una pieza así tan parca y diamantina. Me deslumbró ese epifonema a la altura de la página 106 del manuscrito, me hizo entrar en la órbita de la revelación: **Ceguera, allí estarás.** Como quien cierra el sol a quien fue sol: «madre, te están echando tierra».

Ceguera, allí estarás: difícil contención visionaria comparable para decirle adiós al adiós, de hija a madre en la gran mudanza, de paridora a paridora. Es el tono del libro, como escribió Vallejo. El tono y nada de lágrimas. ¡Fuera la patética! dicen los cedros ancestrales. Sopla el viento tartamudeante de los milenios del Éufrates al Tigris, y uno calla. Mujer que sale, mujer que entra y sigue hilando la Especie. Se me vienen dos sogas de asfixia a la memoria, que habré leído alguna vez, dos sogas de cordel en la liturgia del descendimiento:

«*Para ti fue hecha la casa antes que nacieras.*
Para ti fue destinada la tierra antes que salieras de tu madre».

Lo que se llama un libro, lo que se llama oírlo y respirarlo. Lo que se llama serlo. Si poesía es tono, como dijo Vallejo, aquí hay aura y hay tono. Me lo habré leído 11 veces como lo exige la palabra necesaria. Y por revelación me habrá dado el encantamiento otras once mil. Lo que se llama un libro.

Algo sé de escritura y papiro mortuorio, y paridora muerta también sé, pero de Tao nada. Renata por renacida es la que sabe, y eso lo dije antes. Ella misma es el Tao, ve lo que no se ve. Pocas veces el réquiem habrá alcanzado la majestad y el despojo de este réquiem por el descendimiento de la que duerme ahí. Jeannette Lozano lo escribió: Renata.

Mariposa fenicia voló de Monterrey a Babilonia, «portal de Dios», como es el nombre sacro. Descifró el mito, habló con el origen. De ahí el libro. De ahí el libro que a su vez habló con los leones de bronce.

De niño me tocaba los pulsos arteriales para oír a mi difunta, a mi madre muerta por esos días de mi mocedad, por si anduviera ahí la resurrecta. Eso es lo que me da la lectura y la relectura de esta armazón de sílabas aparentemente dispersas cuya cacería me fascina. Lo dijo Wallace Stevens: «La poesía es una cura de la mente».

Pero no procede la hermenéutica de este sol. Que la hagan otros, y otros. También el sol de los que ven de veras es oscuro. Diera entero el ejercicio mío de escribir por ejemplo estos dos versos para mostrar el cierre del respiro

«Sangra en el vidrio, astillada,
la claridad».

Pérdida en la pérdida. Me acuerdo de otras líneas diamantinas, esta vez de Vicente Huidobro, en la dinastía del tema del adiós: –Cuando te vas, el tiempo y yo lloramos.

No persevere el enemigo oculto. Ishtar guarde el **Descendimiento**, lo bellísimo de estas páginas. Sigan ellas diciendo el mundo de Sumeria a Chihuahua, sigilosamente así.

Memoria y búsqueda de identidad en *Cuaderno de Chihuahua* de Jeannette L. Clariond

César Antonio Sotelo
Universidad Autónoma de Chihuahua

> La poesía es ausencia de agua, puerta
> que abre otra puerta y una más.
> Jeannette L. Clariond, *Leve sangre*

Miércoles, tengo seis años, meriendo en el Parque Lerdo; las ramas espinosas cubren el césped recién sembrado. Mi padre mira por el retrovisor antes de marcharse. Suelto la mano de mi madre, corro hacia la fuente; me busco y entreveo el rostro de la abuela, lo blanco de su cabello, lo blanco de su memoria, lo blanco que en el fondo es toda fuente. ¿En dónde estoy?, ¿dónde mi cara?, ¿qué hay en el fondo lamoso que no alcanzo a ver? Me asomo, me asomo... me asomo hasta caer. Es el primer recuerdo del viaje hacia mí. Difícil reconocer las raíces del agua. Mis manos dejan de moverse, mis ojos se pierden en la sombra sembrada de cielo. Miro, miro fijamente el fondo donde algo ha dejado de temblar... Mi madre, enfadada, me saca del agua y me amonesta sin saber qué decir: «¿Cómo es posible?». Desde entonces me busco en las piedras, los árboles, el sol perdido al tramonto.

El espejo sin romper, el agua aún turbia. (Clariond, *Cuaderno* 17)

Luminosas, cinceladas con la melancolía que envuelve siempre a los recuerdos de la infancia, Jeannette L. Clariond desgrana y engarza las palabras lentamente para, hechicera de todos los tiempos, revivir un mundo perdido en los recovecos de la memoria, un laberinto personal en el cual deambula para deconstruir y reconstruir a su padre, a su madre, a su hermana, a sus ancestros lejanos y cercanos, siempre en busca de reconocerse en ellos. En ese caminar por el tiempo perdido, descubre el paisaje que su memoria atesora, una ciudad perdida, espacio que imperceptiblemente ha sido enterrado por el tráfago de la modernidad que nos atropella, espacio que encierra, ligado a él irremediablemente, el atormentado origen del yo. Su voz, llena de dolor, alegría, nostalgia y gratitud, articula sonidos y palabras, en prosa y en verso, para convertirse en el vehículo que busca desentrañar el misterio del yo.

La obra lírica de Clariond siempre se ha fundamentado en una manipulación precisa de la palabra, una labor que se ha visto enriquecida con su importante desempeño como traductora de poesía, mismo que desarrolla a la par de su incansable ejercicio poético. Este minucioso trabajo, que le permite pulir sus palabras como joyas hasta montarlas en un verso primorosamente trabajado, es uno de los rasgos fundamentales en su escritura, que la crítica ha sabido apreciar desde la aparición de su primer poemario, *Mujer dando la espalda* (1992).

En *Cuaderno de Chihuahua*, texto publicado por el Fondo de Cultura Económica en 2013, este característico ejercicio de la palabra es el instrumento esencial con el que Jeannette L. Clariond construye un texto en donde verso y prosa tienen como objetivo la revelación y la construcción de la identidad de la mujer, en un análisis que va a buscar en las raíces más profundas del yo, en las voces del pasado, para intentar entender la compleja personalidad de la que nace la voz lírica. Así, en este libro, la palabra se presenta como herramienta que rescata, moldea y pule la memoria que de su familia, de su ciudad de origen y de sí misma tiene la autora, para convertirse en un espejo en el que se refleja no sólo ella, como mujer y poeta, sino la sociedad de su tiempo.

Esto se evidencia cuando, en un acercamiento hermenéutico al texto, se descubre el sentido de la simbología personal de la voz poética: Clariond maneja la palabra para construir su identidad como mujer, al mismo tiempo que logra crear un universo personal, regional, en el que su ciudad natal, Chihuahua, es el eje en torno al cual gira la memoria. Porque la profundidad de la lírica de Clariond en *Cuaderno de Chihuahua* nace de ese encuentro doloroso y particular con el pasado, confesión íntima que se transforma en un canto universal.

Según Gadamer, el punto de partida para relacionar la actividad hermenéutica con la literaria está remitido al hecho de que la lectura es esencialmente un «ámbito vasto» en el que ambas acciones giran en torno a un sentido sobre el cual se sustenta la actitud oyente, que se mantiene en sí misma si lo que se escucha está siendo comprendido. Los elementos de este ámbito están contenidos en la actividad humana del dialogar, la cual representa para Gadamer no sólo el nexo entre hermenéutica y literatura, sino también –por ser el diálogo la manera más simple de mantener un sentido– el resultado de una «esencia»: a saber, la del ser comprendedor, pues de la intención de éste surge el diálogo (monológico o interpersonal) como «dirección hacia un sentido» (Franco).

Desde esta perspectiva, se desprende que la palabra poética ante todo está dotada de una dirección hacia un sentido. Por eso, en el mágico ritual de la poesía de Clariond, el parque Lerdo de la ciudad de Chihuahua, paraíso perdido en la memoria de la autora, añorado edén de la infancia de muchas generaciones de chihuahuenses, despierta lentamente y de nuevo transforma su estanque, plácido ojo de agua cegado con los años, en el turbio espejo en que una niña, una mujer, una artista de la palabra se busca a sí misma, buceando en las ondas profundas, opacas, revueltas de su pasado.

El paisaje de la ciudad de Chihuahua es una presencia constante en la lírica de Clariond, vive en su memoria y su evocación es una de las raíces de su verso. Ya desde su segundo poemario *Newaráriame*, editado por la Universidad Autónoma de Chihuahua en 1996, el parque Lerdo habla de un edén perdido, el de la infancia:

Frente a la farmacia Niños Héroes,
el cine de pájaros y el olor a musgo;
de Sisogíchic [sic] la fronda de álamos,
el paso del ave que se pierde,
las vendedoras hacia el parque Lerdo,
donde niñas juegan a la bebeleche
y niños se dan toques sobre charcos,
tomados de los postes de luz.

(Clariond, *Newaráriame 27*)

Para la voz poética, la palabra precisa cincela un espacio urbano en el que la imagen de las aves, visualizadas como un espectáculo cinematográfico, se mezcla con el olor del musgo que rememora de la sierra de Chihuahua, para evocar los rasgos con que la memoria revive el pasado. En tal evocación, los recuerdos de infancia se ligan al Parque Lerdo, con las niñas jugando mientras los niños ejecutan una actividad tan varonil en la cultura de ese tiempo como es la de aguantar descargas eléctricas. Así, con parca exactitud, la palabra busca la identidad en ese pasado que es el espejo del yo.

Símbolo complejo y sumamente variado, el espejo, a lo largo de los años ha representado, en la cultura occidental, a la imaginación, por su característica particular de reflejar mundos posibles en los que las cosas suceden al revés de cómo pasan en nuestra realidad. Tal vez el mejor ejemplo literario sea el que nos brinda Lewis Carroll al crear el fantástico mundo de Alicia que vive al otro lado del espejo: Alicia comienza su aventura, en la segunda de las narraciones que protagoniza, cuando al mirar el espejo situado en el salón de su casa, no deja de observar, comparando su realidad con la que habita en el cristal azogado, el infinito universo de posibilidades que ofrece:

Apenas si puede verse un poquito del corredor de la casa del espejo, si se deja la puerta de nuestro salón abierta de par en par: y por lo que se alcanza a ver desde aquí se parece mucho al nuestro sólo que, ya se sabe, puede que sea muy diferente más allá. (Carroll 88)

Pero el espejo, además de la fantasía, también simboliza la conciencia, ya que tiene la capacidad de reproducir los reflejos del mundo visible en su realidad formal. Desde esta perspectiva, varios filósofos lo han relacionado con el pensamiento, pues es una especie de vehículo mental en donde se produce la autocontemplación y el reflejo del Universo. Es en este sentido en el que se le relaciona con el simbolismo del agua reflejante y que los griegos explicaron con el mito de Narciso, como lo describe Robert Graves:

> Narciso era hijo de la ninfa azul Liríope ... a quien el vidente Tiresias había dicho «Narciso podrá vivir muchos años a condición de que nunca se conozca a sí mismo» Cualquiera podría haberse enamorado justificadamente de Narciso. Con dieciséis años su camino estaba sembrado de amantes de ambos sexos cruelmente rechazados ... un día llegó a un arroyo claro como la plata y nunca perturbado por ganado, pájaros o fieras; ni siquiera por las ramas de los árboles que le daban sombra. Cuando, agotado, se inclinó sobre la herbosa orilla para saciar su sed, se enamoró de su propio reflejo. (Graves 315-316)

Cargado de dolor y alegría, pleno de interrogantes y respuestas que se adivinan, *Cuaderno de Chihuahua* maneja con sutileza las palabras para conjuntar ambas visiones del símbolo: El poema es ese espejo en el que el poeta se busca, intenta conocerse, descubrir su propia verdad aún a costa de su vida, como Narciso; al mismo tiempo, en el poema se crean mundos fantásticos, en donde las cosas son diferentes, y los hechos del pasado adquieren otras dimensiones, maravillosas, llenas de música y luz.

Jeannette L. Clariond hace uso de este recurso simbólico, tan antiguo como la humanidad, para señalar el camino que la voz poética seguirá en su viaje por el laberinto de los recuerdos, camino que desarrolla un juego entre identidad y memoria, juego que persigue un objetivo claramente establecido: que el ejercicio de la palabra sea la luz que le permita llegar a entender la vida y entenderse a sí misma, como mujer y como poeta, a través de descifrar el pasado. Las reglas del juego son simples y al mismo tiempo complejas, dolorosas de acatar: la palabra debe desnudar el alma, para reconocer en la narración de la historia personal los signos que señalan verdades ocultas y sufrimientos encerrados; sólo de esta manera el poema podrá develar los arcanos de silencios impuestos por generaciones para así reconstruir poco a poco la esencia misma del ser, la íntima voz que se forjó en esos silencios, en los sufrimientos intuidos, en los secretos a voces, en las emociones reprimidas y en los sentimientos velados del entorno familiar.

Con valentía, la palabra entonces rompe el silencio para reconstruir la memoria, para desempañar el espejo en el que la voz poética busca reflejarse, un ejercicio ya manejado por la autora, pues identidad y memoria son dos estrategias de Clariond que tienen una función constante, permanente, en toda su producción poética: son los recursos para generar el poema, le permiten el entrar y salir de rasgos, elementos y circunstancias que son el basamento de la movilidad constante en que se va construyendo la imagen de la mujer.

El uso de tales estrategias no es nuevo. De hecho, las escritoras mexicanas, desde la segunda mitad de la centuria pasada, han hecho uso de ambos recursos para desarrollar su lírica. Al respecto, Gloria Vergara explica:

> El panorama de la poesía mexicana del siglo XX nos muestra distintas etapas en las que indiscutiblemente la imagen de la mujer se va conformando desde variados aspectos identitarios de la cultura. La pasión, el deseo, la soledad, el rechazo social, los roles predeterminados, el reclamo, el enfrentamiento amoroso, la recuperación y exploración del cuerpo, la autocontem-

> plación, la conciencia de finitud, la integración a la naturaleza, la búsqueda de los ancestros, la vuelta a lo primitivo y lo sagrado son parte de ese proceso de interiorización. (14)

En una sociedad patriarcal como la mexicana, en donde la mujer no se ha integrado plenamente, con igualdad de derechos y condiciones, hasta la fecha, a las estructuras económicas, políticas, sociales y culturales, es natural que, en el largo proceso de cambiar las estructuras vigentes para incorporarse al desarrollo de las nuevas propuestas de vida, la mujer, antes de proponer rumbos distintos a los transitados, deba encontrarse a sí misma, saber quién es y qué quiere. La poesía ha sido uno de los vehículos vitales para esta toma de conciencia de la mujer mexicana, por eso, como indica Vergara: «Las poetas de la segunda mitad del siglo XX asumen ya su condición femenina y entran en un dominio más liberado y deliberado de la palabra. Ahora los nombres de las mujeres son esenciales...» (17).

El proceso no ha sido fácil, y en el periplo, las mujeres han debido enfrentar la incomprensión y el rechazo no sólo de la sociedad, sino incluso de sus seres más allegados. Porque, como se ha dicho siempre, la poesía, «esa loca de la casa», no encaja en un mundo que cree en la productividad y el progreso. Pero es en esa lucha constante y a menudo silenciosa y silenciada, que el uso que de la palabra han hecho las mujeres ha cambiado la percepción de la poesía. Y es que «el objetivo último de la literatura es mostrarse como la posibilidad de un mundo comunicante; lenguaje de la vida que la creó, traza continuamente un territorio hecho de palabras. Cuando el sujeto deviene mujer, trae consigo individuación, captura de fuerza, intensidad» (Lujano-Valenzuela 47). Es por ello que, en ese particular manejo del lenguaje, las mujeres identifican su propia identidad y la de la realidad en que se encuentran inmersas.

En esa evolución de la tradición, al tomar la palabra y forjarla en su experiencia de vida, la mujer encuentra su propia voz, con características muy suyas que enriquecen a la propuesta lírica y, al mismo tiempo, le permiten utilizar el poema como vehículo de exploración personal que les sirva para encontrar su lugar en un mundo en cambio constante. Por eso afirma Vergara que:

> Para las poetas mexicanas del siglo XX la poesía es una posibilidad de comunión con su entorno. Nombran las cosas, los procesos, su naturaleza, se apropian de su interioridad. La mujer pasa de ser la portadora de la tradición oral, al lenguaje poético escrito y plasmado en su cosmovisión individual. En ese despliegue, pone en relación purificadora su realidad y se inserta en la crítica social y cultural de los distintos aspectos que la conforman y cambian. Recupera la memoria, el deseo de la memoria, gracias al cual convergen la visión colectiva y la estrategia de reflexión y evocación. La memoria nos descubre múltiples caminos que se desplazan hacia su verdad, una verdad múltiple, que se complace en lo heterogéneo, en el diálogo, en lo colectivo. (19)

De esta manera, la poesía de Jeannette L. Clariond sigue la senda de Concha Urquiza, de Rosario Castellanos, Ulalume González de León y tantas otras para crear su propia lírica, dotada de una exquisita sensibilidad, que le hace posible aprehender de la experiencia de la vida la sabiduría que lleva al conocimiento del propio ser. Para ella, la palabra plantea una búsqueda de la perfección, de la eternidad, de su esencia como ser humano, en la indagación del pasado. Así lo explica cuando canta en sordina «Contraria a su forma / la circunferencia/ en un solo fondo/ se desparrama» (Clariond, *Cuaderno* 23).

El poema entonces se convierte en el medio para recuperar esa perfecta unión, esa circunferencia perfecta que es la aspiración total; mas para lograrlo se debe indagar en el pasado, ese sustrato en donde están las raíces esenciales de todo ser humano. Por eso, en versos posteriores la voz poética clama: «Hoy vuelvo al mismo sitio para configurar/ la desparramada circunferencia» (Clariond, *Cuaderno* 36).

El círculo, la circunferencia, del latín *circulus* que significa *cerco* y también *redondo*, al no tener principio ni fin, es un símbolo de lo eterno y de lo absoluto, por ende, de Dios, de la eternidad. La voz poética, ansiosa de esa eternidad, del equilibrio que se encuentra al estar en armonía con todo lo creado, busca reconstruir una circunferencia que se ha derramado, extendido en el tiempo y el espacio, para volver a formarla y de esa manera volver a ser una con la eternidad. Y la clave es la palabra, pues: «—... la palabra es árbol, / nudo de fronda y raíz» (Clariond, *Cuaderno* 40).

De esta manera, la palabra deja de ser instrumento de búsqueda para transformarse en árbol de la vida. Las raíces que se encuentran entonces, en el fondo del estanque oscuro y lamoso, escondido espejo antiguo, saldrán a la luz con toda su carga dolorosa, para descubrir el origen del poema:

> Bendito dolor, dice el santo. Necesario dolor, dice el poeta. En arte, el dolor es puerta. Una puerta abre otra, y muchas más. Más que puente, puerta. ¿Cómo es posible que una puerta separe mundos contiguos? Un árbol es sombra de once puertas. En el desierto, si no encuentras agua, ves una puerta. En Egipto, una puerta es un altar. El lenguaje es la llave de una puerta que el dolor busca desleír. Chihuahua es mi laberinto de mil puertas. (Clariond, *Cuaderno* 18-19)

En el proceso de reconstrucción del pasado, que es el camino para encontrar la voz de la poeta, el dolor es una de las raíces en las que se sustenta la lírica de Jeannette L. Clariond. Todos los seres humanos nacen, crecen, viven y mueren con dolor. Pero en la mayoría, el dolor se calla. Se oculta. Se olvida. Por el contrario, para Clariond, el dolor es el sustento del alma, el origen del arte, materia prima lista que debe transformarse en palabras. Por eso ella misma declara, cuando se le cuestiona sobre cómo nacen sus libros: «Del dolor, suelen surgir del dolor. Soy adicta a él, no porque lo quiera, sino porque lo traigo enquistado desde hace tiempo en la piel» (Estala).

Unida al dolor, otra de las raíces que nutre la lírica de Clariond es el silencio. Si la palabra desvela, el silencio crea. La palabra da forma, pero el silencio da esencia, «pues lo sagrado también vive en el silencio» (Clariond, *Cuaderno* 46). La palabra hiere, el silencio resiste y es también elemento que conforma el ser:

> En la playa de Sidón, muy al sur de Al Mina, vi las columnas romanas junto al mar., la hierba entre las lápidas, el silencio extendido en la arena. Entonces comprendí lo que mis tías nos querían decir: el silencio es tu llave. ... Peregrinaje y exilio son la fuente del silencio (Clariond, *Cuaderno* 64).

De esta manera, dolor y silencio son dos de las raíces en que se sustenta la poesía de Jeannette L. Clariond. Al mismo tiempo, dolor y silencio establecen un diálogo entre la voz y la memoria, como elementos esenciales en la representación de la mujer. En ese intento por reconfigurar la circunferencia que se ha salido de sí misma y derrama su forma en las numerosas imágenes del pasado, el poema se transforma en espejo en el que la poeta se sumerge, como Alicia, para encontrarse en la confirmación de su voz, una voz que brota fuerte, desde la arenas del pasado, para romper los silencios, para recuperar las huellas de sus ancestros, la huellas que le han llevado hasta donde se encuentra, que le han permitido tomar conciencia de lo que es, para poder concretarse, ser pleno en armonía con el universo, en la sagrada tarea de la escritura: «La palabra me fue enseñando que escribimos para asumir lo que aún no entendemos de nosotros, que la voz es río y desierto, piedra y corriente, sombra que se hace más sombra en el dolor» (Clariond, *Cuaderno* 108).

«En la lengua está el origen de los afectos» escribe Clariond «se inventa lo que no se entiende, se recrea la porción de realidad que nos ha sido vedada, se busca leer el pensamiento del otro...» (Clariond, *Cuaderno* 48). Así la palabra va cumpliendo su función de espejo en su doble simbología: refleja la realidad del ser humano, su esencia, su identidad, pero también explica lo que el mismo ser humano desconoce, la fantasía que es parte de la vida misma, la magia que explica lo que el individuo no sabe y nunca sabrá, porque la memoria es un juego que mezcla a partes iguales la ilusión y la verdad. Así, el camino de la voz es el camino de la búsqueda en los rincones de la memoria, y una vez que la voz se encuentra, las palabras crean la identidad. Para Clariond, la existencia es un proceso que sólo adquiere sentido a través de la palabra. Es gracias a ella que el hombre y la mujer encuentran su verdadero sentido. Porque la palabra es la única capaz de reconfigurar la circunferencia que se ha desparramado. La verdad del yo sólo se establece en el poema y por eso:

> Más que vivirla, la vida hay que escribirla. Las agujas de los templos, las frondas de los robles, los muros, un altar son formas de escrituración, el legado del que en todo momento se adueña el espejo. Las formas nos miran. Lo que hemos mirado como un mundo, también nos mira: las manos, los pasos, las oropéndolas con sus nidos, el asombro de Juan Ramón, mi padre: todo es fiel oyente de lo que soy. Y no lo soy por el recuerdo sino por los ojos que vieron el origen de mi destino. Los cerros de Chihuahua, el Grande y El Coronel, fueron mi horizonte. Su altura marcó y delimitó mi espacio para la creación. Verlos es volver a desear: deseo entonces la sustancia de aquellos ojos, abismo interior que no cesa de mirar, llama azul que arde ausencia. Y la sal, la blancura de la nieve en la cima, hoja inmersa en la tinta. Mi sed, el vacío en el paisaje de mi infancia que nunca podré colmar. Esparcidas flores, campanas, la hora sin que nadie advierta mi partida. (Clariond, *Cuaderno* 126).

Obras citadas

Carroll, Lewis. *Alicia en el país de las maravillas: Al otro lado del espejo.* Porrúa, 1986.

Clariond, Jeannette L. *Cuaderno de Chihuahua.* Fondo de Cultura Económica, 2013.

—. *Leve sangre.* Pre-textos, 2011

—. *Newaráriame.* Universidad Autónoma de Chihuahua, 1997.

Estala Rojas, Eduardo. «El dolor y la belleza de Jeannette Lozano Clariond». *Ventana Latina. Revista Cultural*, 22 de agosto de 2013.

http://www.ventanalatina.co.uk/2013/08/el-dolor-y-la-belleza-de-jeannette-lozano-clariond/

Franco, Reynner. «Carácter hermenéutico del texto literario. Notas sobre la «esencia» de la literatura como diálogo en Gadamer». *Espéculo. Revista de estudios literarios.* 2004. http://www.ucm.es/info/especulo/numero27/hermen.html

Lujano-Valenzuela, Martha. «Identidad y otredad. Poesía femenina en el Estado de México». *La Colmena*, vol.84, 2014, pp. 43-56.
https://www.redalyc.org/articulo.oa?id=446344312005

Graves, Robert. *Los mitos griegos.* Barcelona: RBA, 2005.

Vergara, Gloria. *Identidad y memoria en las poetas mexicanas del siglo XX.* Universidad Iberoamericana, 2007.

Jeannette L. Clariond: voz que no acaba de nombrar el misterio

Graciela S. Tomassini

Dialogar con Jeannette Clariond es dejarse arrastrar hacia el lugar de su poesía, sobre todo si venimos de leerla, aún abismados en su música que es silencio. Con ella entramos en otra condición del tiempo, tiempo «toda forma de amor, donde un pasado y un futuro se perciben como un presente», por decirlo con John Berger al referirse a la experiencia poética. Es como si al saciar nuestra curiosidad nos revelara la intimidad del poema, la singularidad de su origen, la sutil y compleja confabulación de su memoria: distancia, sed, ausencia, algo parecido a una espina de sombra rasgando el reflejo del sol en el agua. A ese mundo no se accede de golpe; no se trata de abrir una puerta y disolverse en un océano de luz, sino de andar de puntillas a la vera de los meandros de un río presintiendo el alto manantial que lo alimenta. Por escarceos y tímidas aproximaciones se hace posible vislumbrar eso que su palabra poética retiene nombrando, al sesgo, el sentido de nuestro paso por la vida. Ella lo escribe en un aforismo: «La impaciencia es húmedo leño». Si hemos de arder, que sea de sed.

Al rememorar su infancia en la casa de la abuela en la calle Mina 1004, las tardes de manganeso, el jardín, la sombra de los sicomoros y el silencio de la madre, Jeannette habla –escribe– en presente. La voz se recrea en espacios suspendidos de un tiempo que no transcurre –«dos ibis sosteniendo el tiempo», dice– y al convertirlos en trazo, en grafo de tinta impreso sobre el desierto de la página, nos invita a recorrerlos, no como el pasajero que transcurre, sino como quien retorna a un lugar que de algún modo le pertenece. Pero también hay ámbitos sellados, puertas que aún no puede abrir, las que se nombran distancia y ausencia. Entonces es preciso escuchar el silencio, hacerlo visible en el juego de claroscuros –entre la línea y el blanco de la página– pues esa coyuntura cifra la incierta frontera entre el cuerpo, su memoria y el mundo. Entonces la voz se puebla de ecos, dialoga con otros poetas –los que ha traducido, los que conoce íntimamente y traducirá– para responder a sus preguntas con otras, indagando en el cuerpo de las palabras como si remontara el cauce de una herida.

Voz esencial y única en la poesía hispanoamericana, Jeannette L. Clariond ha publicado numerosos libros de poemas, entre ellos *Mujer dando la espalda* (1990), *Newaráriame* (1996), *Desierta memoria* (2002), *Todo antes de la noche* (2003), *Amonites* (2003), *Nombrar en vano. Una antología* (2004), *Los momentos del agua* (2006), *Leve sangre* (2010), *Cuaderno de Chihuahua* (2013), *Ante un cuerpo desnudo* (2019), *Siete visiones* (2005, que comprende poemas suyos y de Gonzalo Rojas). Más que un libro, este último es un objeto artístico recubierto por un monotipo original del pintor Víctor Ramírez, quien también ilustró de manera admirable *Los momentos del agua* (2007) y el libro de artista *Marzo 10, NY* (2014) sobre el poema homónimo de Jeannette acerca de la invasión de los Estados Unidos a Bagdad. De su trabajo en colaboración con artistas plásticos también es testimonio la exposición *Tonalpohualli* (2017), esta vez con Patricia Báez, en la Pinacoteca de Nuevo León, así como sus textos a propósito de la exposición del artista mexicano Erik Pérez. La Universidad Autónoma de Nuevo León le rindió un homenaje, a la vez que publicó una antología de su poesía, *Astillada claridad* (2014). Compiló una antología de la poesía actual de Nuevo León, *Esparcida luz* (2008) en Braille. Durante seis años trabajó en la Universidad de Yale junto al crítico norteamericano Harold Bloom; el fruto de este proyecto compartido es el libro *La escuela de Wallace Stevens*, cuyo prólogo, de extraordinaria lucidez, es de su autoría, como también la elección de los poemas correspondientes a cada autor. Bloom se hace cargo de los textos introductorios de los poetas entre los cuales están Wallace Stevens, Elizabeth Bishop, Hart Crane, John Ashbery, William Merwin, Jay Wright, Charles Wright, John Hollander, A.R. Ammons, por citar algunos. El libro obtuvo el «Primer lugar en traducción» en los *Latino Book Awards* celebrados en el marco de la Feria del Libro de Nueva York, en el Instituto Cervantes (2011). Su obra como traductora es también sustancial y extensa, y no va a la zaga de su obra de creación, pues para ella, como para Anne Carson, creación y traducción son sinónimos. Durante 25 años ha traducido la obra poética de Alda Merini (*Delito de vida*, *Cuerpo del dolor*, *Francisco. Canto de una criatura*, *La carne de los ángeles*, *Magnificat*, *La tierra santa*, *Baladas no pagadas*...). También publicó versiones al español de obras de Charles Wright –entre ellas, la influyente *Zodíaco negro*– así como obras de W.S. Merwin, Carson McCullers, Anne Carson, Roberto Carifi y Primo Levi. Su prólogo para la traducción de *A una hora incierta*, «Primo Levi: la sesgada senda del cangrejo», merecería párrafo aparte, por la intensa luz que arroja, no sólo sobre la obra de este insigne poeta y narrador italiano, sobreviviente del Holocausto, sino sobre la poesía como «expresión de sufrimiento trascendido».

La obra de Jeannette L. Clariond ha sido reconocida internacionalmente, y dan testimonio de ello los importantes galardones obtenidos, entre los que se cuentan el Premio Efraín Huerta (1996) por *Desierta memoria*, el Premio Gonzalo Rojas (2001) por *Todo antes de la noche*, la mención honorífica concedida a *Mujer dando la espalda* en la edición 1993 del Premio Nacional de Poesía Ramón López Velarde y el más reciente Premio de poesía San Juan de la Cruz, del ayuntamiento de Fontiveros, Ávila, por *Ante un cuerpo desnudo* (2020). En 2004 obtuvo la beca de la Fundación Rockefeller-Conaculta y la beca Banff Conaculta para traductores. Algunas de sus obras han sido traducidas al inglés, italiano, árabe, rumano, francés, portugués, griego y búlgaro.

Murena dice «La calidad de cualquier escritura depende de la medida en que transmite el misterio, ese silencio que no es de ella». La poesía de Jeannette Clariond es, en este sentido, escritura cifrada, eco de una lengua perdida, dolor de ausencia, pero también búsqueda y exploración de la humana sed de belleza, pues la belleza es, nos revela la poeta, «la única forma del espíritu que pueden percibir los sentidos».

Sigue ahora el diálogo, o más bien la continuación del diálogo que mantenemos, como en un vívido sueño, con los poemas.

Graciela Tomassini. A juzgar por lo que revelan tus poemas, muy especialmente en el *Cuaderno de Chihuahua*, eras una niña introspectiva, observadora y silenciosa. ¿Escribía ya esa niña? ¿En qué momento supiste que tu destino era la poesía?

Jeannette Clariond. Llevamos inscritas en las células la palabra. El proceso escritural, como bien adviertes, inicia en la niñez. El poeta sabe lo que va a decir y le toma una vida decirlo. Irremediablemente existe el temor a no ser comprendidos, a que el mundo no sea visto desde nuestros ojos. Creo con Nietzsche en decir sí al destino, sí al dolor, sí a la elección. El gran misterio del destino es que no se puede interpretar. Éste su «Amor Fati». No desear nada distinto de lo que nos ha sido dado, intuyo, es necesario. Puedo asegurarte que no cambiaría un átomo de mi experiencia vital. La totalidad de sucesos que la conforman me hace ser la que soy: acepto la suma de las partes. Aquella niña no escribía. Miraba, contemplaba, trazaba con lápices invisibles, con pies y manos, dibujos, formas, figuras. Me gustaba hacer trazos imaginarios a partir de las junturas de los mosaicos o detenerme a mirar los fósiles incrustados en el granito. Mi madre nos instruía con disciplina, mi padre nos llenaba de asombro: me hacía sentir que todo era posible con tenacidad —los logaritmos, las tareas complejas... Sobre todo, nos enseñó a investigar el significado de las palabras con el buen uso de diccionarios que presidían la cabecera de su cama. Me incitó a descubrir mi propio camino: con él aprendí a andar en bicicleta, a patinar, a nadar, a todo lo que tuviera que ver con superar el miedo a avanzar, atravesar, a indagar. Era muy pequeña cuando empecé a leer y memorizar datos, pero también a escuchar, inquisitiva, las peculiares conversaciones que sostenía con una hermana de mi madre: la tía Jeannette.

GT. ¿Leías mucho, de niña y adolescente? ¿Qué lecturas fueron decisivas e iluminadoras en esa temprana etapa de tu vida?

JC. De niña leía la naturaleza y, como digo en *Cuaderno de Chihuahua,* aprendí a leer en los ojos de mi madre. No saber cómo descifrarla me educó para vivir bajo cierta dosis de angustia que, por lo demás, considero propia del poeta. Durante mi primera adolescencia memorizaba extensos poemas. Tenía una maestra de declamación, doña Chanita del Rosal, que me introdujo a Manuel Acuña. «Nocturno» fue el primer poema que aprendí de memoria; me hacía declamarlo con ademanes y emoción. Para alguien con apenas diez años no resultaba fácil expresar sentimientos que, a mi ver, eran propios de los adultos, pero respondí obediente pues en el fondo quería hacerlo. Chanita era una madre putativa. Ella se dio cuenta de lo que yo quería ser. Crecí en una casa con montañas de revistas, recortes de periódicos que mi madre insertaba debajo del cristal de su chifonier o almacenaba en bolsas de plástico que se iban apilando en el sofá amarillo de su dormitorio. La vida está llena de contradicciones y oscuros secretos. Cuando íbamos al médico mi madre no nos dejaba apoyar nuestras manos en los descansabrazos, nos decía que los consultorios estaban llenos de bacterias. Subrepticiamente, al salir, siempre deslizaba en su bolso dos revistas que orgullosa colocaría sobre la mesa del salón. Antes de entrar a consulta nos advertía que nunca debíamos decir a los médicos que en la familia había diabetes. El ocultamiento del síntoma o dolor que subyace en el núcleo del hogar es lo que sigue enfermando a la sociedad. Pero el problema no se aborda porque se piensa que no existe cura. Es probable que los padres de familia no estén capacitados para diagnosticar sin temor el silencio del hijo o la hija poetas. La poesía es destino, sesgada senda, el lugar donde reside el espíritu humano.

GT. La presencia de tu madre permea tu obra, especialmente en *Todo antes de la noche*, libro que le dedicaste «en su descendimiento». Y en *Leve sangre*: «Madre, no acabo nunca de nombrarte.» ¿Es tu poesía, en parte, o de alguna manera, un intento de descifrar ese silencio? ¿Sentís que la escritura te acerca a ella?

JC. La madre es el espíritu del mundo. Desde los mitos más ancestrales la madre nos ata a la vida. Es nuestra primera mirada, la que nos conecta a la inocencia, pero también la que intenta vincularnos a su realidad, una realidad entonces lejana a mi horizonte. De modo paradójico me inició en Gibran, Shakespeare, Kipling... Los recitaba de memoria, seguramente su madre fue gran lectora. Los libaneses suelen serlo. En Berlín está el museo más bello del mundo: El Pérgamo. Allí descubrí lo que me ataba no sólo a mi madre sino a toda una tradición distinta de la que había recibido en mi formación académica. Al ver la Puerta de Ishtar y los leones azules de Babilonia sentí un inminente regreso a Fenicia. En la tienda del museo compré una figura de bronce pequeñita, una especie de león alado. No era la figura sino la concepción de ese universo lo que daba otro sentido a mi raíz. Volví a leer la epopeya de Gilgamesh, esa desesperada búsqueda de la inmortalidad. En el Museo Británico vi dos años después la tablilla sumeria que narra uno de los episodios, y la figura del propio Gilgamesh en el Louvre. En arte y arquitectura lo primitivo siempre es bello, lugar en donde resulta imposible diferenciar al héroe del santo, tampoco saber si se está en un monasterio de Cataluña o en Nínive. Un sueño recurrente es Asurbanipal, en donde se dice que estaba una de las versiones de la leyenda, la que prefiero por el íncipit: «Él (Gilgamesh) veía lo profundo». La palabra acadia *nacbu* (profundo) alude a los misterios, es un vocablo breve que encierra gran sabiduría, habla de la atención que pide el lenguaje, revela la contradicción inherente al habla: el habla es mi madre, mi raíz, mi silencio y ése el misterio que no acabo nunca de nombrar. Quiero añadir que, en las escuelas norteamericanas donde me formé, teníamos que recitar quince minutos de poesía cada mañana. Durante la Semana Mayor memorizábamos entera la Pasión de Cristo.

GT. ¿Te estimularon a escribir? ¿Alguna de las tías del *Cuaderno de Chihuahua*? ¿Alguna maestra, algún profesor, que viera en vos, tempranamente, a una poeta?

JC. Es curioso, ahora que me lo preguntas, pues era yo quien estimulaba a mis tías y a mí madre a que escribieran. Mi boca vio que su voz era necesaria y es probable que los hijos terminemos realizando el deseo que ponemos en nuestros padres. Mi tía abuela y las tías solteras que vivían en la Calle Mina 1004 tenían un modo singular de expresarse: hablaban siempre con proverbios, una práctica que sigue viva hoy. Si preguntas a alguien de Beirut si sabe guardar un secreto, te responderá: «Soy como agua de un pozo».

GT. En algunos de tus libros (*Desierta memoria*, *Cuaderno de Chihuahua*) pareciera que tomás de la memoria materiales robados al olvido, y los transmutás. ¿Es cierto, como dice Wallace Stevens que, a la larga, la verdad no importa?

JC. Es cierto. La verdad es subjetiva y pequeña. Con esto quiero decir que abarca sólo un aspecto de nuestra vida. Se le ve al fondo, no en plana superficie, como fronda de un árbol. Siento un afecto especial por *Desierta memoria*. Una amiga de Chihuahua había venido a Monterrey para que su hija de veinte años recibiera trasplante de un riñón. Yo no lo sabía, pero había ido al mismo hospital a realizar una consulta. A lo lejos vi un coche con muchas mujeres apeñuscadas, creo que eran seis o siete; me acerqué para encontrarme con las amigas de la infancia que estaban en la ciudad para acompañarla. Con sólo verlas sentí la urgencia de venir a casa a escribir lo que tú bien has leído. Tristemente la chica moriría meses más tarde. Yo, en cambio, con sólo verlas recuperé momentos luminosos de mi vida. ¿Te das cuenta por qué poesía es bendición? El verso: «todo guarda su nombre bajo la sombra», es umbroso pero real. Nuestras raíces cardan su luz, y de ese dolor nace el brillo.

GT. Anne Carson dice que el poema se anuncia en un caos de elementos dispersos e inconexos; Elisabeth Bishop confiesa que los suyos empiezan como un misterio y una sorpresa. ¿Cómo vienen, de dónde, tus poemas, Jeannette?

JC. De varias sincronías. Hace días de la Fundación Princesa de Asturias me pidieron leer un poema de Anne Carson que lleva por título «Gnosticismo II». A pesar de que traduje todo el libro *Decreación* me pareció leer bajo otra luz un poema nuevo. Esa misma noche leí a Baruch Spinoza en su teoría de los afectos. Permanecí despierta hasta pasada la una de la mañana; intenté dormir, pero sentí que en ese instante se gestaba un poema. Pertenece a la serie *Abandonos,* del libro inédito. Te comparto, Graciela, «Abandono I»:

Saliste corriendo por la playa como potranca desbocada.
Tus gafas se quedaron flotando bajo la luna.
Tomé el auto, y me fui al hotel.

Al llegar me asomé por la ventana, pero no regresaste.
Nunca regresaste. Aunque por la mañana nos dimos los
buenos días como si nada hubiera ocurrido.

Como si al correr lejos de mí, tu cuerpo lastimado
lastimándome se hubiera ido para siempre.
Regresaste con tu cuerpo llagado.

Nunca la sangre había corrido con tal fuerza por la playa.

Como puedes ver, está el cuerpo y la piel, el color de la arena, todo lo vislumbré desde una metafísica del cuerpo hasta un sentimiento tan universal como es el abandono.

GT. El poema «Llaga», que pertenece a tu libro inédito *Duelos de viaje* habla del arte con una imagen muy poderosa: el intento de atravesar una valla de púas que infieren una herida sangrante, por ver lo que está más allá. Y en muchos otros textos, repartidos en casi todos tus libros, el dolor es la puerta hacia la belleza. ¿Se trata de una llaga de amor, como en San Juan de la Cruz, donde dolor y deleite son una y la misma cosa?

JC. Sí, al dolor. Sí, a la elección. Sí, al destino, hemos dicho con Nietzsche. No hay belleza sin amor ni viceversa. En ese poema, el alambre de púas es real. Tengo una cicatriz en el empeine del pie izquierdo. Cuando era niña mis padres o mis tíos nos llevaban *a dar la vuelta*, así se decía en Chihuahua cuando salíamos a pasear durante la tarde del fin de semana. No mirábamos girar las manecillas del reloj, sino sentíamos al tiempo ofrecer un sentido. De eso trata la filosofía del tiempo real de Bergson. Te subías en el auto y te llevaban a ver la ciudad. Yo tengo seis años, mi tío maneja un Buick verde, miro a lo lejos el paisaje extenderse infinito como una mancha en el ocaso. De pronto mi tío detiene el auto, mis primas se bajan y se ponen a jugar en el campo, y yo miro cómo cae el sol sobre unos caballos que resplandecen con inmensa belleza. Sigo caminando de frente, la mirada puesta en el color marrón de las crines, sin percatarme de que había una alambrada. Me caí y mi pie izquierdo quedó enganchado en las púas. Lo único que puedo recordar es que me llevaban en el asiento de atrás con el pie sangrando y la herida abierta que tuvo que ser suturada. Allí están la cicatriz, la llaga, la sangre que, como en la Medusa, siempre toca la tierra. El dolor nos ancla y nos eleva. Es necesario medir las pulsaciones del dolor. Oscar Wilde escribió que del dolor del cuerpo podemos hacernos cargo, pero sólo los dioses podrían aliviar el dolor del alma. Juan de Yepes y Teresa de Ávila son estoicos. Mi poesía es así no porque tolero el dolor, sino porque lo ofrezco para redimirlo.

GT. Un poeta y narrador de mi tierra, Juan José Saer, sostiene que la gran poesía es el resultado de una elección del dolor. ¿Es ese dolor una forma de extrañamiento?

JC. En la pregunta anterior hablamos sobre decir sí al dolor de Nietzsche. Saer, en su libro *El entenado* habla de un huérfano que se une a un grupo de marineros en una embarcación para tratar de cambiar su suerte. El grave misterio de la literatura, grave entendido como pesadez, tan esencial como la levedad, es tratar de desviar el destino. En Saer hay complejidad y hay memoria de la locura ya que se interna en lo umbroso de la realidad. El mundo que nos rodea es multívoco y en lo personal sólo puedo hablar desde mí misma y por mí misma. La historia es una particularidad susceptible de ser narrada desde varias simas. Depende de si enfocas tu mirada en la anécdota, o en el fondo de lo que sucedió. ¿Cómo afecta a tu cuerpo escritural? Saer trataba de definir la realidad, yo no creo en la realidad sino en aquello que los ojos ven. Tuve un maestro de filosofía, Giampiero Bucci, romano afincado en Monterrey. Recuerdo el momento preciso en que abordamos a Parménides y el tema de la realidad. Puso una taza frente a mí, y justo cuando empezó la abstracción de su respuesta filosófica, lo interrumpí y le dije: «En esa taza sólo puedo ver a mi abuela». Pienso en las particularidades que conforman la historia, las individualidades que los historiadores insisten en mostrarnos, el conjunto de hechos a partir de grandes momentos marcados por fechas que se reducen a números. De qué año a qué año duró una guerra, cuánta gente murió, los sobrevivientes, los territorios ganados o perdidos. Eso me parece un absurdo y creo que es lo que está haciendo que la humanidad se pierda. Desde mi perspectiva, ninguno de nosotros puede dar fe de lo que realmente ha acontecido a lo largo de los siglos. En grandes centros de investigación se estudia el origen de la explosión del Sol y qué va a suceder dentro de 4500 millones de años; las atmósferas, satélites, superficies. «La superficie es el aspecto exterior de una situación como se percibe a primera vista», pero la superficie también significa una porción de terreno y su límite con algo más. En francés *Surface,* superficie en el sentido figurado, significa apariencia. En inglés *surface* significa también surgir, aflorar, aparecer, asomar, emerger, brotar. Algo puede caer en un lago y en pocos minutos resurgir. Me detengo en este aspecto porque el dolor surge, aflora, aparece, asoma, brota de la memoria. Es la repetición de una vivencia experienciada con antelación y que en la palabra, puede sugerir o no sangre, guerra, herida.

GT. Tu libro *Ante un cuerpo desnudo* dialoga con Juan de Yepes, y con los místicos en general, en clave existencial, sin dejar afuera los dolores terrenales, las limitaciones, los temores. Sin obliterar el cuerpo. Al asumir el tema de la desnudez, ¿hablás de romper esa costra conceptual que obstaculiza nuestra relación con lo numinoso?

JC. Hablo con un Cristo sin sangre y sin espinas, un Cristo humano que está en el madero de la cruz de una iglesia situada en la Calle Alcalá y Lagasca, en Madrid. Tiene una desnudez humana, quizá como bien señalas sin esa costra conceptual y siempre desde el abandono. Él está sostenido del madero tanto como yo me sostengo de Él. La arquitectura de las iglesias y de los recintos sagrados incitan a la devoción y al recogimiento, al silencio y a la escucha. Es extraño pero los realizadores de Cristos suelen prestar más atención al dolor que pueda producir la llaga que a la verdadera comunión que todos necesitamos tener con un ser superior capaz de escucharnos. El dolor de los santos y de los místicos es una forma de sacrificio. En mi caso es la búsqueda de un cuerpo que puede escuchar sin juzgar mi propia fragilidad. Sí, estaba leyendo en ese momento el *Cántico Espiritual*, sí, había visitado Ávila. Se tiene la idea de que el místico se acerca a Dios a través de algo intangible soslayando el hecho de que todos ellos están dotados de profundo conocimiento teológico y que es por ese conocimiento que pueden comprender en su anchuroso caudal la vastedad de lo divino, su inmensa bondad, que los lleva a trascender lo humano.

GT. Wallace Stevens se pregunta, en «Dos o tres ideas», cuál es la función de la poesía en «una era de incredulidad». ¿Creés, como Schlegel, que lo bello es una presentación simbólica de lo infinito?

JC. Wallace Stevens, discípulo de Ralph Waldo Emerson, cree en la Idea que rige el poema y esa Idea siempre será Dios, puede ser la divinidad puesta en la naturaleza o la inocencia que muestra en su poema «Auroras de otoño». Él habla de un trono, pero gracias a las interpretaciones de Maimónides sobre la Cábala sabemos que el trono es el símbolo del cielo, que la serpiente es el círculo que se cierra hacia una nueva apertura, que la inocencia es la blancura que el ciego ve cuando camina en la playa. Es lo que da transparencia a lo que transparente es. Mira lo que Stevens dice en este fragmento:

> Desprenderse de una idea... una cabaña,
> Desierta, en la playa. Es blanca,
> Según la costumbre o conforme con
>
> Un tema ancestral o a consecuencia
> De un tránsito infinito. Las flores contra la pared,
> Blancas, medio secas, nos hacen
>
> Evocar, buscando advertir, una blancura
> Distinta, un algo más, el año pasado
> O el anterior, no el blanco de una tarde,
> Ya fresco o marchito, nube de invierno o cielo
> Invernal, que de horizonte a horizonte agoniza.

GT. Cuando nombrás, cuando en tus poemas proferís palabras como desierto, musgo, jardín, sueño, niebla, espejo, mar, ¿qué invocás? ¿una huella, un acontecimiento, una presencia?

JC. Nombro el primer paisaje. Mi espejo eran las dunas, el cielo, las aves. Niebla es estar solos, musgo el tiempo en la piedra, el mar, el interminable mecerse en la cuna. El sueño es lo que la noche trae, ojos, miedos, deseo, todo bajo diversas formas que se condensan en mi propio interno jardín.

GT. Tu libro (inédito) *Las diosas del agua* hace ver al lector la importancia del principio femenino, encarnado por las diosas, en el mundo precolombino. ¿Representan ellas el tenor espiritual de todos los seres de la naturaleza, así como la corporalidad de todo lo que es espiritual? El Libro, ¿se refiere a un códice, o al Libro del universo, como en Ibn Arabi?

JC. *Las diosas del agua* es una pregunta y un intento de respuesta al mito ancestral de la luz. Nuestro México precolombino tiene sus dioses creadores, el surgimiento o nacimiento de los astros, la Luna y el Sol, la creación de la Quinta Era, según narran los infinitos libros sagrados. Una de las razones por la cuales me adentro en el mito de Coyolxauhqui, la Luna, es por su significado. Ella cae de la cima del templo y su cuerpo se fragmenta. Lo mismo aplica en nuestra tarea humana: hay que desintegrar la materia para convertirse en luz.

GT. En el Poscanto dedicás ese libro a Laurette Séjourné, «entrañable y profunda pensadora de la espiritualidad del México antiguo». Leí, cuando cursaba Literatura Iberoamericana I, *Pensamiento y religión en el México antiguo*, y creo que sin esa lectura no habría podido entender, por ejemplo, a Rulfo. ¿La conociste personalmente? ¿Qué importancia ha tenido en tu poesía la concepción cíclica del tiempo que ella tan bien explica?

JC. La luz nunca es una metáfora. La luz es siempre un círculo. Cuando leí *Pensamiento y religión en el México antiguo*, algo en mi interior se transformó. Algo muy dentro me reveló la espiritualidad de nuestro pasado indígena. Laurette trabajó en tres pueblos aledaños a Teotihuacán, Tetitla, Tepantitla, y Atetelco. Ella investigaba los muros policromos, subía a las pirámides cuando Venus estaba en su cenit. Entendió la dualidad, la luz, las sombras, el espíritu y la materia, la necesidad de desintegrarla para que el ser humano surja luz, raíz, círculo. A ella no se le ha dado el lugar que merece en nuestra historia. Deseo que en el 2021 México no tome el año como pretexto para lanzar reclamos a España. Sería más sabio acercarse a la poesía, la espiritualidad de quienes nos dejaron en su cerámica, códices, pirámides y libros, grandes enseñanzas y un alto, altísimo pensamiento.

GT. Tu poesía revela tu gran amor por la palabra, un amor lleno de celo, como si cuidaras cada palabra para que se perciba su profunda complejidad. ¿Corregís mucho tus originales, hasta que los das a la imprenta? ¿Vivís esa etapa con placer o con angustia?

JC. Elizabeth Bishop ha sido mi maestra de vida. Lowell y Moore le decían que ya estaban los poemas bien trabajados, que los publicara. Pero ella no lo hacía. Cuidaba la definición de la imagen, la écfrasis, el color, la arquitectura del poema; si en su obra había repetición, es porque ella estaba consciente, lo había aprendido de Gertrude Stein. El poema que mencionas «Llaga» de *Duelos de viaje*, no sé cuándo saldrá. Tengo cuatro libros cerrados, pero los dejo reposar algunos años. Sí los trabajo mucho.

GT. Dijiste: «Por el silencio, no por el sacrificio, se llega a lo sagrado». ¿Es por eso que muchos de tus poemas tienen esa parquedad esencial que los acerca al haiku?

JC. Creo que el silencio es la lengua madre del poeta. Hay que decir menos cosas para evitar el ruido y favorecer la sigética, la soledad, el regreso a los divinos. Por el latín aprendí a eliminar partículas innecesarias. Quienes me leen piensan que se debe a mi cercanía con los anglosajones. Puede ser en parte cierto, pero Anne Carson, quien lo toma de su pareja, Robert Currie, artista visual, tiene un bello manejo del espacio en la página, parte se debe a ello. *Ut pictura poesis,* un tópico horaciano que quizá proviene de Simónides de Ceos. Por pintura entiendo toda forma plasmada en lo blanco, en donde busco primar la limpieza. Una vez limpia, la habitación se escribe sola, nos recuerda Carson.

GT. Borges escribió en «Pierre Menard, autor del Quijote» una metáfora de la traducción que también vale para toda lectura. ¿Cómo lidiás con la inevitable extrañeza, la distancia, no sólo lingüística, de la traducción, aun de la más escrupulosa?

JC. La traducción me produce mayor angustia que la propia creación. Estoy aprovechando la pandemia para revisar la obra de Bishop. Quisiera encontrar una fórmula para ver mis errores antes de que se imprima el libro. Pero sólo el libro impreso da la perspectiva del error, de la correcta o incorrecta disposición, de lo que se fue con erratas en maqueta y tú no advertiste en tu último Word. La traducción es por ello un acto de humildad ante la voz del otro y el reconocimiento de los propios límites. Es una tarea bella, que implica un enorme compromiso. lo veo como un coito espiritual.

GT. De todos los autores que has traducido, ¿cuál ha sido el más afín a tu propia poesía, y cuál el que más esfuerzo te ha costado?

JC. Alda Merini es la poeta que más poesía me ha regresado. Por mi infancia y adolescencia tuve que convivir con la locura; su obra me ayudó a transitarla. Estoy en deuda con esta poeta mayor. En verdad siento un gran y respetuoso amor por ella. Quien más trabajo me ha costado traducir es Hart Crane, un altísimo poeta que fallece en las aguas del Golfo de México. Estudió nuestras culturas, pero no es la razón por la cual admiro su poesía, sino por su música, sus imágenes, su cohesión poética sin que en apariencia ésta se perciba. Es el poeta más difícil de traducir por su hermetismo. Mira este fragmento de Crane, y ya me dirás:

> Apenas se oían los sauces,
> una zarabanda de viento segó la pradera.
> Nunca pude recordar
> esa sosegada agitación de los pantanos
> hasta que la edad me trajo al mar.

GT. ¿Qué poetas hispanoamericanos traducirías al inglés?

JC. Harold Bloom me instaba a traducir al inglés *Las soledades* de Góngora. Hace poco me escribió una poeta búlgara que vive en México y está traduciendo del chino. Esas mezclas son poco sanas en poesía. Poco fiables, poco honestas, diría. No quiero ser deshonesta. Hay que ser fieles a la lengua: Silencio y Madre.

GT. ¿Qué proyectos de escritura y traducción tenés entre manos en la actualidad?

JC. *Las diosas del agua* se publicará en 2021 en Reino Unido. Lo estoy revisando al lado de mi traductora, Samantha Schnee, y ya se ha trabajado en él para un proyecto de danza. Este mes se pasó un adelanto por YouTube. Beatriz Masson, bailarina y coreógrafa brasileña afincada en Madrid, tiene bajo su cargo este proyecto. Han hecho una colaboración entre el Ministerio de Cultura de España, y el de Nuevo León. El libro busca relacionar a Coyolxauhqui y su fragmentación con la fragmentación de los cuerpos muertos de las mujeres en México, ante lo cual el país entero se siente conmocionado, herido, lastimado, resignado, inseguro, aniquilado, azuzado, asustado, paralizado, inmunizado, aterrado, lacerado, humillado, silenciado.

¿Aprenderemos, como Coyolxauhqui, como las diosas del agua, a resignificar nuestros cuerpos, y con ello, los de nuestras hijas, los de las hijas de nuestras hijas, haciendo renacer el canto, con la *palabra de fuego* –que no de arena? ¿Sabremos caminar con rostro propio sobre la tierra, y ser dueñas de nuestro propio deseo? La voz poética de Jeannette Clariond nos anuncia el tiempo de «desllorar la herida, de que la piedra aprenda a florecer.» Que así sea.

Gracias, Jeannette, por tu palabra de poeta fuerte, de poeta zahorí, de mediadora entre nuestra contingencia y ese otro grado del ser que late en el origen.

eannette L. Clariond es poeta, traductora y editora. Ha publi-
cado: *Mujer dando la espalda*; *Desierta memoria* (Premio Efraín Huerta); *Todo antes de la noche* (Premio de Poesía Gonzalo Rojas); *Los momentos del agua* con la obra plástica del artista Víctor Ramírez; *Siete visiones* en coedición con el poeta Gonzalo Rojas; *Ante un cuerpo desnudo* (Premio San Juan de la Cruz de Fontiveros, España); *Sobre la fronda y la medida* (Premio Juan Ramón Jiménez Coral Gables); *Las lágrimas de las cosas* (Premio Nacional de Poesía Enriqueta Ochoa); *Las diosas del agua* en edición bilingüe español-inglés traducido por Samantha Schnee; *Cuaderno de Chihuahua,* medalla de oro al Mejor libro de Historia Familiar Mimí Lozano (Latino Book Awards), entre otros.

Entre sus traducciones se encuentran: obra completa de Elizabeth Bishop, por primera vez al español, así como la poesía completa de Primo Levi; ocho libros de la canadiense Anne Carson, Charles Wright, W.S. Merwin, además de haber dedicado veinticinco años a la obra de la italiana Alda Merini por lo que fue distinguida en el museo que lleva el nombre de la poeta en Milán. Trabajó al lado de Harold Bloom *La escuela de Wallace Stevens*, *un perfil de la poesía estadounidense contemporánea*, en la Universidad de Yale, volumen que le valiera el premio a la mejor traducción en el marco de la Feria del Libro de Nueva York realizada en el Instituto Cervantes, 2012.

Su preocupación durante los últimos veinte años ha sido el diálogo entre naciones, por lo que, en Vaso Roto ha creado un fondo de más de 450 títulos en 35 distintas lenguas. Siempre en ediciones bilingües y vertiendo los textos de la lengua original, no del inglés, ni del francés. Entre éstos se encuentran: Seamus Heaney, Adonis, Derek Walcott, Vasco Popa, Sergio Ramírez, Antonio Gamoneda, María Baranda, Elsa Cross, Clara Janés, Octavio Paz, Raúl Zurita, Ocean

Vuong, María Negroni, Hugo Mujica, Luis Alberto Ambroggio, Mercedes Roffé, Li-Young Lee, Sor Juana Inés de la Cruz, Marta López-Luaces...

Es Chevalier de l'Ordre des Arts et des Lettres que otorga el Ministerio de Cultura de Francia. La Embajada del Líbano en México la condecoró con la Medalla BIBLOS en Humanidades. Es miembro de número de la Academia Norteamericana de la Lengua Española y creadora del primer Certamen de Poesía en Braille. Es fundadora y directora de Vaso Roto Ediciones.

Acerca del artista

Eric Pérez (Ciudad de México, 1972) ha expuesto su trabajo en exposiciones individuales y colectivas en México, Canadá, Estados Unidos, Austria y China. Obtuvo la beca Jóvenes Creadores del FONCA (2000, 2003 y 2006) y el Premio de adquisición de la XIII Bienal Rufino Tamayo (2006). Ha sido artista en residencia en el Centro Banff (2001 y 2008), becario de la Pollock-Krasner Foundation (2009) y miembro del Sistema Nacional de Creadores (2010-2013).

Su trabajo se ha enfocado en la representación de momentos privilegiados y efímeros de comunión con la naturaleza y sus fuerzas, desarrollando un sistema personal de representación simbólica conformado por imágenes mentales que se nutren de recuerdos, lecturas, sueños y ficciones.

Índice

Índice de la obra artística

Stone of Madness Collection
Colección Piedra de la locura
Personal Anthologies Collection
(Homage to Alejandra Pizarnik)

1
Colección Particular
Juan Carlos Olivas (Costa Rica)

2
Kafka en la aldea de la hipnosis
Javier Alvarado (Panamá)

3
Memoria incendiada
Homero Carvalho Oliva (Bolivia)

4
Ritual de la memoria
Waldo Leyva (Cuba)

5
Poemas del reencuentro
Julieta Dobles (Costa Rica)

6
El fuego azul de los inviernos
Xavier Oquendo Troncoso (Ecuador)

7
Hipótesis del sueño
Miguel Falquez Certain (Colombia)

8
Una brisa, una vez
Ricardo Yáñez (México)

9
Sumario de los ciegos
Francisco Trejo (México)

10
A cada bosque sus hojas al viento
Hugo Mujica (Argentina)

11
Espuma rota
María Palitachi a.k.a.Farazdel (Dominican Rep.)

POETRY
COLLECTIONS

ADJOINING WALL
PARED CONTIGUA
Spaniard Poetry
Homage to María Victoria Atencia (Spain)

BARRACKS
CUARTEL
Poetry Awards
Homage to Clemencia Tariffa (Colombia)

CROSSING WATERS
CRUZANDO EL AGUA
Poetry in Translation (English to Spanish)
Homage to Sylvia Plath (United States)

DREAM EVE
VÍSPERA DEL SUEÑO
Hispanic American Poetry in USA
Homage to Aida Cartagena Portalatin (Dominican Republic)

FIRE'S JOURNEY
TRÁNSITO DE FUEGO
Central American and Mexican Poetry
Homage to Eunice Odio (Costa Rica)

INTO MY GARDEN
English Poetry
Homage to Emily Dickinson (United States)

I SURVIVE
SOBREVIVO
Social Poetry
Homage to Claribel Alegría (Nicaragua)

LIPS ON FIRE
LABIOS EN LLAMAS
Opera Prima
Homage to Lydia Dávila

LIVE FIRE
VIVO FUEGO
Essential Ibero American Poetry
Homage to Concha Urquiza (Mexico)

FEVERISH MEMORY
MEMORIA DE LA FIEBRE
Feminist Poetry
Homage to Carilda Oliver Labra (Cuba)

REVERSE KINGDOM
REINO DEL REVÉS
Children's Poetry
Homage to María Elena Walsh (Argentina)

STONE OF MADNESS
PIEDRA DE LA LOCURA
Personal Anthologies
Homage to Julia de Burgos (Argentina)

TWENTY FURROWS
VEINTE SURCOS
Collective Works
Homage to Julia de Burgos (Puerto Rico)

VOICES PROJECT
PROYECTO VOCES
María Farazdel (Palitachi)

WILD MUSEUM
MUSEO SALVAJE
Latino American Poetry
Homage to Olga Orozco (Argentina)

Children's Literature

KNITTING THE ROUND

TEJER LA RONDA

Homage to Victoria Ocampo (Chile)

Fiction

INCENDIARY

INCENDIARIO

Homage to Beatriz Guido (Argentina)

Drama

MOVING

MUDANZA

Homage to Elena Garro (México)

Essay

SOUTH

SUR

Homage to Victoria Ocampo (Argentina)

Non Fiction

BREAK-UP

DESARTICULACIONES

Homage to Silvia Molloy (Argentina)

Para los que, como Alejandra Pizarnik, toda la noche [hacen] la noche, toda la noche [escriben], palabra por palabra [escriben] la noche, este libro se terminó de revisar el 5 de marzo para publicarse el 8 de marzo de 2024 en los Estados Unidos de América.